新时代“三农”工作总抓手

——实施乡村振兴战略答疑解惑

湖北省乡村振兴研究院◎主编

长江出版传媒
湖北科学技术出版社

图书在版编目（C I P）数据

新时代“三农”工作总抓手：实施乡村振兴战略答疑解惑 / 湖北省乡村振兴研究院主编. — 武汉：湖北科学技术出版社，2019.12（2021.3重印）

ISBN 978-7-5706-0817-1

Ⅰ. ①新… Ⅱ. ①湖… Ⅲ. ①农村－社会主义建设－湖北－问题解答 Ⅳ. ①F327.63-44

中国版本图书馆CIP数据核字（2019）第274108号

新时代“三农”工作总抓手
——实施乡村振兴战略答疑解惑
Xin Shidai Sannong Gongzuo Zong Zhuashou
——Shishi Xiangcun Zhenxing Zhanlüe Dayi Jiehuo

策　　划：邱新友
责任编辑：王贤芳　罗晨薇　　封面设计：胡　博

出版发行：湖北科学技术出版社　　电话：027-87679468
地　　址：武汉市雄楚大街268号　　邮编：430070
（湖北出版文化城B座13-14层）
网　　址：http://www.hbstp.com.cn

印　　刷：湖北新华印务有限公司　　邮编：430035

710×1000　1/16　8印张　75千字
2019年12月第1版　2021年3月第2次印刷
定价：25.00元

《新时代“三农”工作总抓手
——实施乡村振兴战略答疑解惑》
编委会

主　　任：刘晓洪　焦春海

副 主 任：刘　杰　邵华斌　余锦平　游艾青　夏贤格

编委会成员：方亚飞　陈　沫　沈祥成　刘建茂　潘　峰

主　　编：余锦平　邢美华

副 主 编：潘　峰　方亚飞　王维薇

编写人员：（以姓氏笔画为序）

丰　肖　王贵春　王晓芳　朱　萌　吴　頔

陈　杰　陈　焰　官　波　胡世霞　屠　晶

董其文

前 言

农业农村农民问题是关系国计民生的根本性问题。党的十九大报告提出实施乡村振兴战略，该战略也首次写入党章，成为全党的共同意志。实施乡村振兴战略，是党的十九大作出的重大决策部署，是决胜全面建成小康社会、全面建设社会主义现代化国家的重大历史任务，是新时代做好“三农”工作的总抓手。

为服务党和政府的中心工作，助力湖北乡村振兴战略的全面实施，助推乡村振兴战略深入人心，湖北省乡村振兴研究院组织专家编写了《新时代“三农”工作总抓手——实施乡村振兴战略答疑解惑》一书。本书主要内容包括如何认识乡村振兴、如何理解产业兴旺、如何实现生态宜居、如何看待乡风文明、如何把握治理有效、如何达到生活富裕、如何强化保障体系、湖北乡村振兴怎么干等，以一问一答的形式呈现，紧扣读者关心的问题，反映出乡村振兴战略的历史背景、重大意义、科学内涵、目标任务、总体要求、实施要点和湖北省乡村振兴实施方案等。

本书文字通俗易懂，内容简明扼要，系统性、权威性、实用性强，对当前全面宣传学习乡村振兴战略的科学内涵，精准把握和实施乡村振兴战略，具有非常重要的现实指导意义和学习参考价值。适合各级党政干部、广大农业农村干部及“三农”研究工作者阅读。

本书在编写中得到许多专家的帮助与大力支持，在此一并致谢。由于时间仓促、编者水平有限，书中难免有不足之处，敬请广大读者批评指正。

目录

一　如何认识乡村振兴战略

二 如何理解产业兴旺

四　如何看待乡风文明

五　如何把握治理有效

六　如何达到生活富裕

七　如何强化保障体系

八 湖北乡村振兴怎么干

一 如何认识乡村振兴战略

1. 党的十八大以来我国农业农村发展取得了哪些历史性成就？

党的十八大以来，以习近平同志为核心的党中央坚持把解决好“三农”问题作为全党工作重中之重，贯彻新发展理念，勇于推动“三农”工作理论创新、实践创新、制度创新，农业农村发展取得了历史性成就、发生了历史性变革，为党和国家事业全面开创新局面提供了有力支撑。农业供给侧结构性改革取得新进展，粮食生产能力跨上新台阶，新型农业经营主体发展壮大，农村新产业新业态蓬勃发展，农业现代化稳步推进。农村改革取得新突破，农村承包地“三权分置”取得重大进展，农村集体产权制度改革稳步推进，玉米、大豆、棉花等重要农产品收储制度改革取得实质性成效。城乡发展一体化迈出新步伐，农民收入增速连年快于城镇居民，城乡居民基本医疗和养老制度开始并轨，8 000多万农业转移人口成为城镇居民。农村公共服务和社会事业达到新水平，农村教育、文化、卫生等社会事业快速发展，农村水、电、路、气、房和信息化建设全面提速，农村人居环境整治全面展开。脱贫攻坚开创新局面，精准扶贫精准脱贫方略落地生效，6 600多万贫困人口稳定脱贫，脱贫攻坚取得决定性进展。农村社会焕发新气象，农村党群干群关系更加融洽，社会保持和谐稳定，党在农村的执政基础得到进一步夯实。

2. 为什么说在中国特色社会主义新时代乡村振兴迎来了难得的历史机遇？

在中国特色社会主义新时代，乡村振兴迎来了难得的历史机遇，具有无比广阔的前景。有习近平总书记把舵定向，有党中央高度重视、科学决策，有全党全国全社会大力支持、积极参与，乡村振兴在政治上就有了根本保证。有社会主义制度能够集中力量办大事的优势，有不断健全的城乡融合发展体制机制和政策体系，有农村土地集体所有制和双层经营体制，农村改革正在深入，政策红利还将不断释放，乡村振兴在制度上就有了坚强保障。有源远流长的优秀农耕文明，有寻根溯源的人文情怀，中华民族的乡村情结渗透基因血脉，加上现代城市文明的导入融汇，乡村振兴在文化上就有了深厚土壤。有人口众多、收入不断增长形成的巨大消费空间，有农村丰富资源要素和现代科技相结合带来的新增长点，有不断增长的农村投资需求，乡村振兴在经济上就有了市场潜力。同时，随着我国经济实力和综合国力日益增强，国家对农业农村的支持力度不断加大，农村生产生活条件加快改善，农民收入持续增长，乡村振兴在物质上就有了坚实支撑。这些年推进农业现代化和社会主义新农村建设，各地积累了很多成功经验和做法，乡村振兴在实践上已有扎实基础。总之，乡村振兴有需求、有条件，必须紧紧抓住这一历史契机，顺势而为，主动作为，不失时机地向前推进，努力开创农业农村发展新局面。

3. 如何正确看待乡村衰退现象？

乡村衰退导致的“乡村病”、城市贫民窟是一个全球共同面临的挑战。对于乡村衰退这一现象，要有四个基本判断：一是乡村的衰落不是必然规律。在已经实现现代化的美国、法国、日本等国家，尽管农业占GDP比例很低，农业人口的比例也很低，但是在乡村仍然是一派兴旺景象，并没有衰落下去。事实上，无论是发达国家，还是发展中国家，都制订了各种战略规划及实施行动计划，例如日本的“乡村振兴计划”、韩国的“新村运动”和“归农归村计划”、德国的“农村更新计划”、法国的“振兴乡村计划”等。二是我国目前仍然有近6亿人生活在农村。未来城镇化率即便达到70%，如果按照15亿人口计算，也会有4.5亿人在农村。我们党是不会允许如此数量巨大的人口在现代化进程中掉队的。三是其他国家出现乡村衰落，并不代表中国乡村就必然会衰落。没有任何一个国家和地区的成功经验告诉我们，像中国这样一个具有数千年农耕文明史的东方大国，如何去实现农业农村现代化。四是迄今为止，还没有哪个发展中大国能够解决好农业农村农民现代化问题。既然没有可以借鉴的规律，那么我们就要去探索、寻找和发现规律，走中国特色社会主义乡村振兴道路。干好乡村振兴事业，就是要为解决人类问题贡献中国智慧和中国方案。

4. 我国发展不平衡不充分问题在乡村突出表现在什么地方？

当前，我国发展不平衡不充分问题在乡村最为突出，主要表现为：农产品阶段性供过于求和供给不足并存，农业供给质量亟待提高；农民适应生产力发展和市场竞争的能力不足，新型职业农民队伍建设亟须加强；农村基础设施和民生领域欠账较多，农村环境和生态问题比较突出，乡村发展整体水平亟待提升；国家支农体系相对薄弱，农村金融改革任务繁重，城乡之间要素合理流动机制亟待健全；农村基层党建存在薄弱环节，乡村治理体系和治理能力亟待强化。

5. 如何深刻理解和牢牢把握实施乡村振兴战略的重大意义?

实施乡村振兴战略是以习近平同志为核心的党中央作出的重大决策部署，在我国农业农村发展历史进程中具有里程碑式的意义。实施乡村振兴战略是如期全面建成小康社会的必然要求。实施乡村振兴战略，让广大农民共同分享现代化成果，这样的小康社会才能得到包括亿万农民在内的全体人民认可，才能经得起历史和实践的检验。实施乡村振兴战略是推动经济持续健康发展的迫切需要。我国经济正处在转变发展方式、优化经济结构、转换增长动力的攻关期，农业要比以往更加注重保供给、提质量、稳物价，继续为稳定经济社会发展大局发挥“压舱石”和“稳压器”的作用，继续为国家宏观调控留出回旋余地和腾挪空间，为党和国家工作全局赢得战略主动。实施乡村振兴战略是建设美丽中国的必然选择。美丽中国要靠美丽乡村打底色。实施乡村振兴战略是传承中华优秀传统文化和健全乡村治理体系的紧迫要求。我国农耕文明源远流长、博大精深，是中华优秀传统文化的根，要在实行自治和法治的同时，注重发挥好德治的作用，推动礼仪之邦、优秀传统文化和法治社会建设相辅相成。实施乡村振兴战略是逐步实现全体人民共同富裕的客观需要。实施乡村振兴战略，必须坚持以人民为中心的发展思想，打好精准脱贫攻坚战，全力以赴消除贫困，让改革发展成果更多更公平地惠及广大农民，朝着实现全体人民共同富裕的目标不断迈进。

6. 为什么说“乡村振兴”，而不是“农村振兴”？

“农村”更突出是搞农业的地方，是农民生产生活的地方；“乡村振兴”更突出地域概念，不光是农业，乡村不能只搞农业，而且乡村今后也不仅是农民生产生活居住的地方。乡村产业不等于农业，乡村居民不等于农民，乡村不等于农村。乡村产业振兴不仅要实现农业现代化，还要推进一二三产业融合，形成产业融合、产居融合的创新，通过两个融合来重构乡村产业结构。未来的乡村居民不再局限于现有的农民，而是在市场导向的产业结构下，重构乡村人口结构。未来的新乡民包括流动乡村产业职工、回乡创业者、乡村创客、城市乡居客、养老养生客等，新乡民是乡村产业发展的栋梁。未来的新乡村不再局限于现有的行政村和自然村，乡村社会不同于农村社会，乡村社区不同于农村村庄；通过产业振兴带来的产村融合、产居融合的新型乡村社区，将重构乡村社会及其治理模式。

7. 如何重新审视乡村的价值?

随着时代发展，乡村不再是单一从事农业的地方，还有重要的生态涵养功能、令人向往的休闲观光功能、独具魅力的文化体验功能。乡村逐渐成为人们养生养老、创业创新、生活居住的新空间。人们向往田园风光、诗意山水、乡土文化、民俗风情、农家美食，追求与自然和谐相处的乡村慢生活成为一种时尚。田园变公园、农房变客房、劳作变体验，乡村优美环境、绿水青山、良好生态成为稀缺资源，乡村的经济价值、生态价值、社会价值、文化价值日益凸显。

过去土地经营是农民收入的主要来源，这是第一就业空间。后来随着城镇化工业化进程加快，农民离开土地，转移到城镇和非农产业务工，打开了第二就业空间。现在适应城乡居民需求新变化，休闲农业、乡村旅游蓬勃兴起，农村一二三产业融合发展模式不断丰富创新，为农村创新创业开辟了新天地，为农民就业增收打开了新空间，即开启了第三就业空间。而且这一空间比前两个空间更广阔。因此，要重新审视乡村价值，抓农村新产业新业态，推动农产品加工业优化升级，把现代信息技术引入农业生产、加工、销售各个环节，发展乡村休闲旅游、文化体验、养生养老、农村电商等，鼓励在乡村地区兴办环境友好型企业，实现乡村经济多元化发展。

8. 党的十九大对实施乡村振兴战略作出了哪些重大决策部署？

党的十九大作出了实施乡村振兴战略的重大决策，强调农业农村农民问题是关系国计民生的根本性问题，必须始终把解决好"三农"问题作为全党工作重中之重。要坚持农业农村优先发展，按照产业兴旺、生态宜居、乡风文明、治理有效、生活富裕的总要求，建立健全城乡融合发展体制机制和政策体系，加快推进农业农村现代化。巩固和完善农村基本经营制度，深化农村土地制度改革，完善承包地"三权分置"制度。保持土地承包关系稳定并长久不变，第二轮土地承包到期后再延长30年。深化农村集体产权制度改革，保障农民财产权益，壮大集体经济。确保国家粮食安全，把中国人的饭碗牢牢端在自己手中。构建现代农业产业体系、生产体系、经营体系，完善农业支持保护制度，发展多种形式适度规模经营，培育新型农业经营主体，健全农业社会化服务体系，实现小农户和现代农业发展有机衔接。促进农村一二三产业融合发展，支持和鼓励农民就业创业，拓宽增收渠道。加强农村基层基础工作，健全自治、法治、德治相结合的乡村治理体系。培养造就一支懂农业、爱农村、爱农民的"三农"工作队伍。

9. 中国特色社会主义乡村振兴道路是什么?

一是必须重塑城乡关系,走城乡融合发展之路。要坚持以工补农、以城带乡,把公共基础设施建设的重点放在农村,推动农村基础设施建设提档升级,优先发展农村教育事业,促进农村劳动力转移就业和农民增收,加强农村社会保障体系建设,推进健康乡村建设,持续改善农村人居环境,逐步建立健全全民覆盖、普惠共享、城乡一体的基本公共服务体系,让符合条件的农业转移人口在城市落户定居,推动新型工业化、信息化、城镇化、农业现代化同步发展,加快形成工农互促、城乡互补、全面融合、共同繁荣的新型工农城乡关系。

二是必须巩固和完善农村基本经营制度,走共同富裕之路。要坚持农村土地集体所有,坚持家庭经营基础性地位,坚持稳定土地承包关系,壮大集体经济,建立符合市场经济要求的集体经济运行机制,确保集体资产保值增值,确保农民受益。

三是必须深化农业供给侧结构性改革,走质量兴农之路。坚持质量兴农、绿色兴农,实施质量兴农战略,加快推进农业由增产导向转向提质导向,夯实农业生产能力基础,确保国家粮食安全,构建农村一二三产业融合发展体系,积极培育新型农业经营主体,促进小农户和现代农业发展有机衔接,推进“互联网+”现代农业,加快构建现代农业产业体系、生产体系、经营体系，不断提高农业创新力、竞争力和全要素生产率，加快实现由农业大国向农业强国转变。

四是必须坚持人与自然和谐共生，走乡村绿色发展之路。以绿色发展引领生态振兴，统筹山水林田湖草系统治理，加强农村突出环境问题综合治理，建立市场化多元化生态补偿机制，增加农业生态产品和服务供给，实现百姓富、生态美的统一。

五是必须传承发展提升农耕文明，走乡村文化兴盛之路。坚持物质文明和精神文明一起抓，弘扬和践行社会主义核心价值观，加强农村思想道德建设，传承发展提升农村优秀传统文化，加强农村公共文化建设，开展移风易俗行动，提升农民精神风貌，培育文明乡风、良好家风、淳朴民风，不断提高乡村社会文明程度。

六是必须创新乡村治理体系，走乡村善治之路。建立健全党委领导、政府负责、社会协同、公众参与、法治保障的现代乡村社会治理体制，健全自治、法治、德治相结合的乡村治理体系，加强农村基层基础工作，加强农村基层党组织建设，深化村民自治实践，严肃查处侵犯农民利益的“微腐败”，建设平安乡村，确保乡村社会充满活力、和谐有序。

七是必须打好精准脱贫攻坚战，走中国特色减贫之路。坚持精准扶贫、精准脱贫，把提高脱贫质量放在首位，注重扶贫同扶志、扶智相结合，瞄准贫困人口精准帮扶，聚焦深度贫困地区集中发力，激发贫困人口内生动力，强化脱贫攻坚责任和监督，开展扶贫领域腐败和作风问题专项治理，采取更加有力的举措、更加集中的支持、更加精细的工作，坚决打好精准脱贫这场对全面建成小康社会具有决定意义的攻坚战。

10. 如何理解坚持农业农村优先发展的理念？

坚持农业农村优先发展是实施乡村振兴战略的总方针，是党的“三农”理论的创新发展。实施乡村振兴战略，必须坚持“四个优先”。一是在干部配备上优先考虑，即选拔一批懂农业、爱农村、爱农民的好干部去推动乡村振兴工作。二是在要素配置上优先满足，即重点破除体制机制障碍，完善农业农村发展用地保障机制，解决土地增值收益长期“取之于农、用之于城”的问题，破解“农村的地自己用不上、用不好”的困局，让农业农村能够公平公正地享有更多发展资源。三是在资金投入上优先保障，即创新投融资机制，加快形成财政优先保障、金融重点倾斜、社会积极参与的多元投入格局。完善财政支农投入稳定增长机制，坚持把农业农村作为财政支出的优先保障领域，明确和强化各级党委、政府“三农”投入责任，确保支农投入力度不断增强、总量持续增加、与乡村振兴的目标任务相适应。四是在公共服务上优先安排，即统筹推进城乡融合发展，大力增加农村公共服务供给，改善农村基础设施，优先发展农村教育、文化事业，推进社会保障制度城乡统筹，提升农村医疗、养老服务能力，加快补齐农业农村短板，使农民和市民享受的基本公共服务逐步趋同，加快实现城乡基本公共服务均等化。

11. 实施乡村振兴战略的指导思想是什么？

实施乡村振兴战略，要全面贯彻党的十九大精神，以习近平新时代中国特色社会主义思想为指导，加强党对“三农”工作的领导，坚持稳中求进工作总基调，牢固树立新发展理念，落实高质量发展的要求，统筹推进“五位一体”总体布局和协调推进“四个全面”战略布局，坚持把解决好“三农”问题作为全党工作重中之重，坚持农业农村优先发展，按照产业兴旺、生态宜居、乡风文明、治理有效、生活富裕的总要求，建立健全城乡融合发展体制机制和政策体系，统筹推进农村经济建设、政治建设、文化建设、社会建设、生态文明建设和党的建设，加快推进乡村治理体系和治理能力现代化，加快推进农业农村现代化，走中国特色社会主义乡村振兴道路，让农业成为有奔头的产业，让农民成为有吸引力的职业，让农村成为安居乐业的美丽家园。

12. 实施乡村振兴战略的目标任务是什么？

按照党的十九大提出的决胜全面建成小康社会、分两个阶段实现第二个百年奋斗目标的战略安排，实施乡村振兴战略的目标任务是：到2020年，乡村振兴取得重要进展，制度框架和政策体系基本形成。农业综合生产能力稳步提升，农业供给体系质量明显提高，农村一二三产业融合发展水平进一步提升；农民增收渠道进一步拓宽，城乡居民生活水平差距持续缩小；现行标准下农村贫困人口实现脱贫，贫困县全部摘帽，解决区域性整体贫困；农村基础设施建设深入推进，农村人居环境明显改善，美丽宜居乡村建设扎实推进；城乡基本公共服务均等化水平进一步提高，城乡融合发展体制机制初步建立；农村对人才吸引力逐步增强；农村生态环境明显好转，农业生态服务能力进一步提高；以党组织为核心的农村基层组织建设进一步加强，乡村治理体系进一步完善；党的农村工作领导体制机制进一步健全；各地区各部门推进乡村振兴的思路举措得以确立。到2035年，乡村振兴取得决定性进展，农业农村现代化基本实现。农业结构得到根本性改善，农民就业质量显著提高，相对贫困进一步缓解，共同富裕迈出坚实步伐；城乡基本公共服务均等化基本实现，城乡融合发展体制机制更加完善；乡风文明达到新高度，乡村治理体系更加完善；农村生态环境根本好转，美丽宜居乡村基本实现。到2050年，乡村全面振兴，农业强、农村美、农民富全面实现。

13. 实施乡村振兴战略的基本原则是什么?

一是坚持党管农村工作。毫不动摇地坚持和加强党对农村工作的领导,健全党管农村工作领导体制机制和党内法规,确保党在农村工作中始终总揽全局、协调各方,为乡村振兴提供坚强有力的政治保障。

二是坚持农业农村优先发展。把实现乡村振兴作为全党的共同意志、共同行动,做到认识统一、步调一致,在干部配备上优先考虑,在要素配置上优先满足,在资金投入上优先保障,在公共服务上优先安排,加快补齐农业农村短板。

三是坚持农民主体地位。充分尊重农民意愿,切实发挥农民在乡村振兴中的主体作用,调动亿万农民的积极性、主动性、创造性,把维护农民群众根本利益、促进农民共同富裕作为出发点和落脚点,促进农民持续增收,不断提升农民的获得感、幸福感、安全感。

四是坚持乡村全面振兴。准确把握乡村振兴的科学内涵,挖掘乡村多种功能和价值,统筹谋划农村经济建设、政治建设、文化建设、社会建设、生态文明建设和党的建设,注重协同性、关联性,整体部署,协调推进。

五是坚持城乡融合发展。坚决破除体制机制弊端,使市场在资源配置中起决定性作用,更好发挥政府作用,推动城乡要素自由流动、平等交换，推动新型工业化、信息化、城镇化、农业现代化同步发展，加快形成工农互促、城乡互补、全面融合、共同繁荣的新型工农城乡关系。

六是坚持人与自然和谐共生。牢固树立和践行绿水青山就是金山银山的理念，落实节约优先、保护优先、自然恢复为主的方针，统筹山水林田湖草系统治理，严守生态保护红线，以绿色发展引领乡村振兴。

七是坚持因地制宜、循序渐进。科学把握乡村的差异性和发展走势分化特征，做好顶层设计，注重规划先行、突出重点、分类施策、典型引路。既尽力而为，又量力而行，不搞层层加码，不搞一刀切，不搞形式主义，久久为功，扎实推进。

14. 实施乡村振兴战略的总要求是什么？

实施乡村振兴战略的总要求是“产业兴旺、生态宜居、乡风文明、治理有效、生活富裕”的20字方针。

“产业兴旺”是乡村振兴的经济基础。首先，要落实粮食安全，实施“藏粮于地”“藏粮于技”，完善和提升农田水利基础设施，开发农机装备与种业等现代科技创新的增产潜力，夯实粮食生产能力。其次，要着力推进城乡产业融合发展，推动一二三产业融合，且形成功能多样的现代农业。再次，要加快构建现代农业产业体系、生产体系、经营体系，提高农业发展的质量和效益，创新发展新业态。

“生态宜居”是乡村振兴的环境基础。必须建立健全有利于农村生态治理的生态补偿机制，统筹山水林田湖草系统治理，增加农业生态产品和服务供给，推动乡村自然资本加快增值，实现“百姓富”和“生态美”的双赢。加强农村突出环境问题综合治理，严禁工业和城镇污染向农业农村转移。

“乡风文明”是乡村振兴的文化基础。要以社会主义核心价值观为引领，加强农村思想道德建设，传承发展提升农村优秀传统文化，加强农村公共文化建设，开展移风易俗行动，提升农民精神风貌，培育文明乡风、良好家风、淳朴民风，不断提高乡村社会文明程度。

“治理有效”是乡村振兴的社会基础。必须把夯实基层基础作为固本之策，建立健全党委领导、政府负责、社会协同、公众参与、法治保障的现代乡村社会治理体制，坚持自治、法治、德治相结合，确保乡村社会充满活力、和谐有序。

“生活富裕”是乡村振兴的群众基础。要坚持人人尽责、人人享有，按照抓重点、补短板、强弱项的要求，优先发展农村教育事业，提升农村劳动力从业水平，推动农村基础设施提档升级，加强农村社会保障体系建设，推进健康乡村建设，持续改善农村人居环境，把乡村建设成为幸福美丽新家园。

15. 乡村振兴的主要标志是什么?

乡村振兴至少有三个鲜明标志。第一,农业实现绿色发展,乡村产业逐步向多样化的方向发展。第二,乡村的基础设施要逐步完善,乡村的生态环境要显著改善,城乡生活条件的差距要逐渐缩小,乡村的吸引力要明显增强。第三,人口持续大规模由农村向城市流动,这种趋势逐步减缓,甚至有一部分人今后会选择留在乡村,甚至城市人也会向乡村倒流。概括起来,就是乡村振兴"三句话":乡村经济要兴,乡村环境要好,乡村人气要旺。

16. 乡村振兴要在哪几个方面实现振兴?

习近平总书记在参加十三届全国人大一次会议山东代表团的审议时强调,实施乡村振兴战略是一篇大文章,要统筹谋划,科学推进。一是要推动乡村产业振兴,发展现代农业,确保国家粮食安全,调整优化农业结构,加快构建现代农业产业体系、生产体系、经营体系,推进农业由增产导向转向提质导向,提高农业创新力、竞争力、全要素生产率,提高农业质量、效益、整体素质。二是要推动乡村人才振兴,把人力资本开发放在首要位置,强化乡村振兴人才支撑,加快培育新型农业经营主体,激励各类人才在农村广阔天地大施所能、大展才华、大显身手，打造一支强大的乡村振兴人才队伍。三是要推动乡村文化振兴，加强农村思想道德建设和公共文化建设，以社会主义核心价值观为引领，深入挖掘优秀传统农耕文化蕴含的思想观念、人文精神、道德规范，培育挖掘乡土文化人才，培育文明乡风、良好家风、淳朴民风，提高乡村社会文明程度。四是要推动乡村生态振兴，坚持绿色发展，加强农村突出环境问题综合治理，扎实实施农村人居环境整治三年行动计划，推进农村"厕所革命"，完善农村生活设施，打造农民安居乐业的美丽家园。五是要推动乡村组织振兴，打造千千万万个坚强的农村基层党组织，培养千千万万名优秀的农村基层党组织书记，深化村民自治实践，发展农民合作经济组织，建立健全党委领导、政府负责、社会协同、公众参与、法治保障的现代乡村社会治理体制。

17.做好新时代"三农"工作的行动指南是什么？

党的十八大以来，习近平总书记就做好"三农"工作作出了一系列重要论述，提出了一系列新理念新思想新战略，这些新理念新思想新战略是我们党"三农"理论创新的最新成果，是习近平新时代中国特色社会主义思想的重要组成部分，是指导过去五年我国农业农村发展取得历史性成就、发生历史性变革的科学理论，也是实施乡村振兴战略、做好新时代"三农"工作的行动指南。一是坚持加强和改善党对农村工作的领导，为“三农”发展提供坚强政治保障。二是坚持重中之重战略地位，切实把农业农村优先发展落到实处。三是坚持把推进农业供给侧结构性改革作为主线，加快推进农业农村现代化。四是坚持立足国内保障自给的方针，牢牢把握国家粮食安全主动权。五是坚持不断深化农村改革，激发农村发展新活力。六是坚持绿色生态导向，推动农业农村可持续发展。七是坚持保障和改善民生，让广大农民有更多的获得感。八是坚持遵循乡村发展规律，扎实推进美丽宜居乡村建设。

18. 实施乡村振兴战略的制度保障是什么？

建立健全城乡融合发展体制机制和政策体系是实施乡村振兴战略的制度保障。一是建立健全有利于城乡要素合理配置的体制机制，坚决破除妨碍城乡要素自由流动和平等交换的体制机制壁垒，促进各类要素更多向乡村流动，在乡村形成人才、土地、资金、产业、信息汇聚的良性循环，为乡村振兴注入新动能。二是建立健全有利于城乡基本公共服务普惠共享的体制机制。推动公共服务向农村延伸、社会事业向农村覆盖，健全全民覆盖、普惠共享、城乡一体的基本公共服务体系，推进城乡基本公共服务标准统一、制度并轨。三是建立健全有利于城乡基础设施一体化发展的体制机制。把公共基础设施建设重点放在乡村，坚持先建机制、后建工程，加快推动乡村基础设施提档升级，实现城乡基础设施统一规划、统一建设、统一管护。四是建立健全有利于乡村经济多元化发展的体制机制。围绕发展现代农业、培育新产业新业态，完善农企利益紧密联结机制，实现乡村经济多元化和农业全产业链发展。五是建立健全有利于农民收入持续增长的体制机制。拓宽农民增收渠道，促进农民收入持续增长，持续缩小城乡居民生活水平差距。

19. 在实施乡村振兴战略中要注意处理好哪“四大关系”？

习近平总书记在主持中共中央政治局就实施乡村振兴战略进行第八次集体学习时强调，在实施乡村振兴战略中要注意处理好以下关系：一是要处理好长期目标和短期目标的关系，要遵循乡村建设规律，坚持科学规划、注重质量、从容建设，一件事情接着一件事情办，一年接着一年干，切忌贪大求快、刮风搞运动，防止走弯路、“翻烧饼”；二是要处理好顶层设计和基层探索的关系，党中央已经明确了乡村振兴的顶层设计，各地要制订符合自身实际的实施方案，科学把握乡村的差异性，因村制宜，发挥亿万农民的主体作用和首创精神，善于总结基层的实践创造；三是要处理好充分发挥市场决定性作用和更好发挥政府作用的关系，要进一步解放思想，推进新一轮农村改革，发挥政府在规划引导、政策支持、市场监管、法治保障等方面的积极作用；四是要处理好增强群众获得感和适应发展阶段的关系，要围绕农民群众最关心、最直接、最现实的利益问题，加快补齐农村发展和民生短板，让亿万农民有更多实实在在的获得感、幸福感、安全感，同时要形成可持续发展的长效机制，坚持尽力而为、量力而行，不能提脱离实际的目标，更不能搞形式主义和“形象工程”。

20. 如何正确处理和把握实施乡村振兴战略与新农村建设的关系？

2005年10月，党的十六届五中全会作出建设社会主义新农村建设的战略部署，当时提出了5句话20字的要求，即“生产发展、生活宽裕、乡风文明、村容整洁、管理民主”。现在提出实施乡村振兴战略，总要求还是5句话20字，即“产业兴旺、生态宜居、乡风文明、治理有效、生活富裕”。这五句话与社会主义新农村建设五句话的要求相比，除了“乡风文明”之外，其他四句话是不一样的，“产业兴旺”要求乡村要有产业体系作为支撑，既要农业兴，更要百业旺，要让乡村呈现五谷丰登、六畜兴旺、三产融合的新景象；“生态宜居”不仅对村庄人居环境有更高的要求，而且还要求整个农业走绿色发展道路，使破坏的生态环境得到修复，实现人与自然和谐共生；“治理有效”要求适应农村社会结构变化，加强基层基础工作，推进治理体系和治理能力现代化，健全自治、法治、德治相结合的乡村治理体系；“生活富裕”要求农民生活不仅要过得去，更要过得好、过得幸福，要像城市居民一样享有高质量的公共服务和社会保障。“乡风文明”虽与原来的表述一样，但是要求更高了。所以，不能简单地讲乡村振兴战略是新农村建设的升级版，它的内涵更为丰富，是中国特色社会主义进入新时代做好“三农”工作的新旗帜和总抓手。

21. 如何正确处理和把握实施乡村振兴战略与新型城镇化的关系？

乡村振兴和推进新型城镇化之间是现代化进程中不可偏废的两位一体的任务，二者不是非此即彼的关系，而是互促共进、相辅相成的。并不是城镇化水平提高了，农民进城了，“三农”问题就迎刃而解了。无论现代化如何发展，都不可能让所有农民进入城市，始终存在如何处理城乡关系的问题。在城镇化过程中，不能只顾一头，不顾另一头。只顾城市，不顾乡村，会造成乡村衰败，最终会拖现代化建设的后腿。提出实施乡村振兴战略并不是要否定城镇化，也不是抑制城镇化。2018年，我国城镇化率达到了59.58%，今后10年和15年，城镇化发展不可能像过去20年那么快。农村能出来的人比过去少多了，农村的发展机会比过去也多多了。总的来看，农村人口向外转移的趋势会继续，但速度会放缓。通过乡村振兴来促进城乡协调发展，这本身就是实现高质量发展的一个重要途径。乡村振兴最终就是要加快形成工农互促、城乡互补、全面融合、共同繁荣的新型工农城乡关系。新型城镇化是乡村振兴的助推器、城乡产业发展的融合剂，乡村振兴也是新型城镇化成功的重要标志。因此，要坚持乡村振兴与新型城镇化一起抓，两个轮子一起转，处理好“走出去”“留下来”“引回来”的关系，让进城的人进得放心，留在乡村的人留得安心。

22. 如何正确处理和把握实施乡村振兴战略与脱贫攻坚战的关系？

实施乡村振兴战略与打好精准脱贫攻坚战，二者是内在统一的。脱贫攻坚是乡村振兴的基础，乡村振兴是脱贫攻坚的动力，二者相辅相成，互补互助，不能各行其是，顾此失彼。乡村振兴的前提是摆脱贫困，打好脱贫攻坚战本身就是乡村振兴的重要内容。就贫困地区而言，2020年之前的乡村振兴，核心还是脱贫攻坚，确保2020年我国现行标准下农村贫困人口实现脱贫，贫困县全部摘帽，解决区域性整体贫困。实施乡村振兴战略既有利于实现脱贫目标、巩固脱贫成果，也有利于为脱贫之后从根本上改变贫困地区面貌奠定基础，要做好两者的有机衔接。2020年的脱贫目标是解决传统意义上的绝对贫困问题。而真正补齐乡村公共服务的短板、进一步缩小城乡差别，还是要依靠实施乡村振兴战略，要推动要素、投入、公共服务向农业农村倾斜，逐步补齐乡村振兴的产业基础、公共服务、治理能力等发展短板，同时创造条件优化环境，以乡村振兴战略的利好来激发贫困地区的内生动力和外在活力，结合乡村振兴战略为持久脱贫提供保障。

23. 如何正确处理和把握实施乡村振兴战略与粮食安全观的关系？

习近平总书记在参加十三届全国人大二次会议河南代表团审议时指出：“要扛稳粮食安全这个重任。确保重要农产品特别是粮食供给，是实施乡村振兴战略的首要任务。”粮稳天下安。手中有粮，心中不慌。历史和实践表明，粮食安全既是经济问题，也是政治问题，是国家发展的“定海神针”。对于一个有近14亿人口的大国，任何时候饭碗都要牢牢端在自己手上，中国碗装中国粮。粮价是百价之基，关系物价稳定，是稳增长、保就业的重要支撑。尤其是在当前我国经济下行压力加大，外部环境发生深刻变化，风险和困难明显增多的情况下，抓好粮食生产，既是“三农”工作的头等大事和首要任务，也是应对各种不确定风险，实现经济发展、社会稳定、国家安全的压舱石。必须从战略上看待和把握粮食安全问题，全面实施好藏粮于地、藏粮于技战略，确保谷物基本自给、口粮绝对安全。要毫不放松抓好粮食生产，保持产量稳定。全面划定粮食生产功能区和重要农产品生产保护区，到2020年确保建成8亿亩高标准农田，巩固和提高粮食生产能力。全面落实好稳定粮食生产的各项政策措施，充分调动粮食主产区和种粮农民两方面的积极性。

二 如何理解产业兴旺

24. 如何认识产业兴旺这一乡村振兴的重点？

实施乡村振兴，产业兴旺是重点。必须坚持质量兴农、绿色兴农，以农业供给侧结构性改革为主线，加快构建现代农业产业体系、生产体系、经营体系，提高农业创新力、竞争力和全要素生产率，加快实现由农业大国向农业强国转变。

从产业发展看，当前农业的主要矛盾由产品总量不足转变为结构性矛盾，突出表现为阶段性供过于求和供给不足并存，农产品大路货多、优质绿色产品少。产业如何兴旺？实施质量兴农战略规划，实施产业兴村强县行动，调整优化农业生产力布局，推动农业由增产导向转向提质导向。统筹兼顾培育新型农业经营主体和扶持小农户，要促进小农户和现代农业发展有机衔接，把小农生产引入现代农业发展轨道。产业旺不单指农业，更要百业旺，特别是要培育新产业新业态。要充分挖掘乡村多种功能。积极引导农民工、高校毕业生和各类人才返乡下乡创业就业，发展乡村旅游、休闲农业、农村电商，让新产业新业态成为乡村振兴的重要支撑。

25. 如何建设产业兴旺的乡村？

我国农业正处在转变发展方式、优化经济结构、转换增长动力攻关期，建设产业兴旺的乡村必须把握以下几个方面。

要确保国家粮食安全，把中国人的饭碗牢牢端在自己手上。继续实施藏粮于地、藏粮于技战略，在高标准农田建设、农业机械化、农业科技创新、智慧农业等方面迈出新的步伐。转变观念，树立大农业观、大食物观，向耕地草原森林海洋、向植物动物微生物要热量、要蛋白，念好“山海经”，唱好“林草戏”，打好“果蔬牌”，全方位多途径开发食物资源。

要把提高农业供给体系质量作为主攻方向。实施质量兴农战略，把增加绿色优势专用农产品供给放在更加突出的位置，全面提升农产品质量安全水平，切实保障人民群众“舌尖上的安全”。抓好农业“三区三园”（粮食生产功能区、重要农产品生产保护区、特色农产品优势区，现代农业产业园、科技园、创业园）建设，加快培育优势特色产业，打造各具特色的农业“金字招牌”。要用好国际国内两个市场两种资源，优化农业资源配置，实施高附加值农产品出口提升战略，结合“一带一路”建设，构建农业对外开放新格局。

要促进农村一二三产业融合发展，拓宽农民增收渠道。重新认识田园乡村价值，充分发挥农业功能的多样性、乡村文化的独特性、绿水青山的生态性，大力发展乡村旅游、休闲农业、农村电商等，促进农村新产业新业态可持续发展，支持和鼓励农民就业创业，为农民创造除耕地之外的其他就业机会。

在发展多种形式适度规模经营的同时，要重视支持小农户生产。要处理好培育新型农业经营主体和扶持小农户生产的关系。农业生产经营规模要坚持宜大则大、宜小则小，不搞一刀切，不搞强迫命令。要注重发挥新型农业经营主体带动作用，培育各类专业化市场化服务组织，提升小农户生产经营组织化程度，提升小农户发展能力，拓展小农户增收空间，维护小农户合法权益，把小农生产引入现代农业发展轨道。

26. 如何实施质量兴农战略？

实施国家质量兴农战略规划，必须要建立健全质量兴农评价体系、政策体系、工作体系和考核体系。深入推进农业绿色化、优质化、特色化、品牌化，调整优化农业生产力布局，推动农业由增产导向转向提质导向。推进特色农产品优势区创建，建设现代农业产业园、农业科技园。实施产业兴村强县行动，推行标准化生产，培育农产品品牌，保护地理标志农产品，打造“一村一品”“一县一业”发展新格局。加快发展现代高效林业，实施兴林富民行动，推进森林生态标志产品建设工程。加强植物病虫害、动物疫病防控体系建设。优化养殖业空间布局，大力发展绿色生态健康养殖，做大做强民族奶业。统筹海洋渔业资源开发，科学布局近远海养殖和远洋渔业，建设现代化海洋牧场。建立产学研融合的农业科技创新联盟，加强农业绿色生态、提质增效技术研发应用。切实发挥农垦在质量兴农中的带动引领作用。实施食品安全战略，完善农产品质量和食品安全标准体系，加强农业投入品和农产品质量安全追溯体系建设，健全农产品质量和食品安全监管体制，重点提高基层监管能力。

27. 如何构建农村一二三产业融合发展体系？

构建农村一二三产业融合发展体系，必须大力开发农业多种功能，延长产业链、提升价值链、完善利益链，通过保底分红、股份合作、利润返还等多种形式，让农民合理分享全产业链增值收益。实施农产品加工业提升行动，鼓励企业兼并重组，淘汰落后产能，支持主产区农产品就地加工转化增值。重点解决农产品销售中的突出问题，加强农产品产后分级、包装、营销，建设现代化农产品冷链仓储物流体系，打造农产品销售公共服务平台，支持供销、邮政及各类企业把服务网点延伸到乡村，健全农产品产销稳定衔接机制，大力建设具有广泛性的促进农村电子商务发展的基础设施，鼓励支持各类市场主体创新发展基于互联网的新型农业产业模式，深入实施电子商务进农村综合示范，加快推进农村流通现代化。实施休闲农业和乡村旅游精品工程，建设一批设施完备、功能多样的休闲观光园区、森林人家、康养基地、乡村民宿、特色小镇。对利用闲置农房发展民宿、养老等项目，研究出台消防、特种行业经营等领域便利市场准入、加强事中事后监管的管理办法。发展乡村共享经济、创意农业、特色文化产业。

28. 如何构建农业对外开放新格局？

构建农业对外开放新格局，必须优化资源配置，着力节本增效，提高我国农产品国际竞争力。实施特色优势农产品出口提升行动，扩大高附加值农产品出口。建立健全我国农业贸易政策体系。深化与“一带一路”沿线国家和地区农产品贸易关系。积极支持农业走出去，培育具有国际竞争力的大粮商和农业企业集团。积极参与全球粮食安全治理和农业贸易规则制定，促进形成更加公平合理的农业国际贸易秩序。进一步加大农产品反走私综合治理力度。

29. 怎样调整优化农业结构？

调整优化农业结构，必须大力发展紧缺和绿色优质农产品生产，推进农业由增产导向转向提质导向。深入推进优质粮食工程。实施大豆振兴计划，多途径扩大种植面积。支持长江流域油菜生产，推进新品种新技术示范推广和全程机械化。积极发展木本油料。实施奶业振兴行动，加强优质奶源基地建设，升级改造中小奶牛养殖场，实施婴幼儿配方奶粉提升行动。合理调整粮经饲结构，发展青贮玉米、苜蓿等优质饲草料生产。合理确定内陆水域养殖规模，压减近海、湖库过密网箱养殖，推进海洋牧场建设，规范有序发展远洋渔业。降低江河湖泊和近海渔业捕捞强度，全面实施长江水生生物保护区禁捕。实施农产品质量安全保障工程，健全监管体系、监测体系、追溯体系。加大非洲猪瘟等动物疫情监测防控力度，严格落实防控举措，确保产业安全。

30. 如何加快发展乡村特色产业？

加快发展乡村特色产业，必须因地制宜发展多样化的特色农业，倡导“一村一品”“一县一业”。积极发展果菜茶、食用菌、杂粮杂豆、薯类、中药材、特色养殖、林特花卉苗木等产业。支持建设一批特色农产品优势区。创新发展具有民族和地域特色的乡村手工业，大力挖掘农村能工巧匠，培育一批家庭工场、手工作坊、乡村车间。健全特色农产品质量标准体系，强化农产品地理标志和商标保护，创响一批“土字号”“乡字号”特色产品品牌。

31. 如何大力发展现代农产品加工业?

大力发展现代农产品加工业,必须以"粮头食尾""农头工尾"为抓手,支持主产区依托县域形成农产品加工产业集群,尽可能把产业链留在县域,改变农村卖原料、城市搞加工的格局。支持发展适合家庭农场和农民合作社经营的农产品初加工,支持县域发展农产品精深加工,建成一批农产品专业村镇和加工强县。统筹农产品产地、集散地、销地批发市场建设,加强农产品物流骨干网络和冷链物流体系建设。培育农业产业化龙头企业和联合体,推进现代农业产业园、农村产业融合发展示范园、农业产业强镇建设。健全农村一二三产业融合发展利益联结机制,让农民更多分享产业增值收益。

32. 如何发展乡村新型服务业?

发展乡村新型服务业,应大力支持供销社、邮政、农业服务公司、农民合作社等开展农技推广、土地托管、代耕代种、统防统治、烘干收储等农业生产性服务。充分发挥乡村资源、生态和文化优势,发展适应城乡居民需要的休闲旅游、餐饮民宿、文化体验、健康养生、养老服务等产业。加强乡村旅游基础设施建设，改善卫生、交通、信息、邮政等公共服务设施。

33. 怎样促进农业全产业链融合？

促进农业全产业链融合，要通过开展农村一二三产业融合发展推进行动，建设一批现代农业产业园和农村产业融合发展先导区，促进农产品加工就地就近转化增值。强化产地市场体系建设，加快建设布局合理、分工明确、优势互补的全国性、区域性和田头三级产地市场体系。加快完善农村物流基础设施网络，创新农产品流通方式，推进电子商务进农村综合示范，大力发展农产品电子商务。建设一批美丽休闲乡村、乡村民宿等精品线路和农村创新创业园区，培育农村新产业新业态。

34. 如何实施重要农产品保障战略？

实施重要农产品保障战略，必须加强顶层设计和系统规划，立足国内保障粮食等重要农产品供给，统筹用好国际国内两个市场、两种资源，科学确定国内重要农产品保障水平，健全保障体系，提高国内安全保障能力。将稻谷、小麦作为必保品种，稳定玉米生产，确保谷物基本自给、口粮绝对安全。加快推进粮食安全保障立法进程。在提质增效基础上，巩固棉花、油料、糖料、天然橡胶生产能力。加快推进并支持农业走出去，加强“一带一路"农业国际合作，主动扩大国内紧缺农产品进口，拓展多元化进口渠道，培育一批跨国农业企业集团，提高农业对外合作水平。加大农产品反走私综合治理力度。

35. 如何稳定粮食产量？

稳定粮食产量，必须毫不放松抓好粮食生产，推动藏粮于地、藏粮于技落实落地，确保粮食播种面积稳定在16.5亿亩。稳定完善扶持粮食生产政策举措，挖掘品种、技术、减灾等稳产增产潜力，保障农民种粮基本收益。发挥粮食主产区优势，完善粮食主产区利益补偿机制，健全产粮大县奖补政策。压实主销区和产销平衡区稳定粮食生产责任。严守18亿亩耕地红线，全面落实永久基本农田特殊保护制度，确保永久基本农田保持在15.46亿亩以上。建设现代气象为农服务体系。强化粮食安全省长责任制考核。

36. 怎样完成高标准农田建设任务？

巩固和提高粮食生产能力，到2020年必须确保建成8亿亩高标准农田。修编全国高标准农田建设总体规划，统一规划布局、建设标准、组织实施、验收考核、上图入库。加强资金整合，创新投融资模式，建立多元筹资机制。实施区域化整体建设，推进田水林路电综合配套，同步发展高效节水灌溉。全面完成粮食生产功能区和重要农产品生产保护区划定任务，高标准农田建设项目优先向“两区”安排。恢复启动新疆优质棉生产基地建设，将糖料蔗“双高”基地建设范围覆盖到划定的所有保护区。进一步加强农田水利建设。推进大中型灌区续建配套节水改造与现代化建设。加大东北黑土地保护力度。加强华北地区地下水超采综合治理。推进重金属污染耕地治理修复和种植结构调整试点。

37. 如何加快推进农业绿色发展？

加快推进农业绿色发展，必须立足水土资源匹配，调整完善农业生产力布局，推进保供给和保生态有机统一。严守耕地红线，加强节水灌溉工程建设和节水改造，促进水土资源节约高效利用。深入推进化肥减量增效行动，加快实施化学农药减量替代计划，着力推进绿色防控，强化兽药和饲料添加剂使用管理，逐步提高农业投入品科学使用水平。加强土壤污染防治，持续推进秸秆综合利用和农膜回收，切实抓好畜禽粪污资源化利用，全面加强产地环境保护与治理。

38. 如何推进农业全程标准化？

推进农业全程标准化，必须加快建立与农业高质量发展相适应的农业标准及技术规范，健全完善农业全产业链标准体系。引进转化国际先进农业标准，推进“一带一路”农业标准互认协同，加快与国外先进标准全面接轨。建立生产记录台账制度，实施农产品质量全程控制生产基地创建工程，在“菜篮子”大县、畜牧大县和现代农业产业园全面推行全程标准化生产。

39. 如何培育提升农业品牌？

实施农业品牌提升行动，培育一批叫得响、过得硬、有影响力的农产品区域公用品牌、企业品牌、农产品品牌。加快建立农业品牌目录制度，全面加强农业品牌监管，构建农业品牌保护体系。创新品牌营销方式，讲好农业品牌故事，加强农业品牌宣传推介。加强市场潜力大、具有出口竞争优势的农业品牌建设，打造国际知名农业品牌。

40. 怎样提高农产品质量安全水平？

保障农产品质量安全，是质量兴农的底线。进一步加强农产品质量安全监测，改进监测方法，扩大监测范围，深化例行监测和监督抽查。健全省、市、县、乡、村五级农产品质量安全监管体系，充实基层监管机构条件和手段，切实提高执法监管能力。建设国家农产品质量安全追溯管理信息平台，推动建立食用农产品合格证制度，继续开展国家农产品质量安全县创建。深入推进农产品质量安全风险评估，建立农产品质量安全风险预警机制。

41. 如何强化农业科技创新？

强化农业科技创新，必须开展质量导向型科技攻关，强化农业创新驱动。组织实施良种联合攻关，培育和推广口感好、品质佳、营养丰、多抗广适新品种，加强特色畜禽水产良种资源保护。着力提升农机装备质量水平，大力推进主要农作物生产全程机械化，积极推进农作物品种、栽培技术和机械装备集成配套，促进农机农艺融合创新发展。加快发展信息化，深入实施信息进村入户工程，组织实施“互联网+”农产品出村进城工程，开展数字农业建设，完善重要农业资源数据库和台账，推进重要农产品全产业链大数据建设。

42. 如何加快突破农业关键核心技术？

为加快突破农业关键核心技术，必须强化创新驱动发展，实施农业关键核心技术攻关行动，培育一批农业战略科技创新力量，推动生物种业、重型农机、智慧农业、绿色投入品等领域自主创新。建设农业领域国家重点实验室等科技创新平台基地，打造产学研深度融合平台，加强国家现代农业产业技术体系、科技创新联盟、产业创新中心、高新技术产业示范区、科技园区等建设。强化企业技术创新主体地位，培育农业科技创新型企业，支持符合条件的企业牵头实施技术创新项目。继续组织实施水稻、小麦、玉米、大豆和畜禽良种联合攻关，加快选育和推广优质草种。支持薄弱环节适用农机研发，促进农机装备产业转型升级，加快推进农业机械化。加强农业领域知识产权创造与应用。加快先进实用技术集成创新与推广应用。建立健全农业科研成果产权制度，赋予科研人员科技成果所有权，完善人才评价和流动保障机制，落实兼职兼薪、成果权益分配政策。

43. 如何壮大新型农业经营主体?

实施新型农业经营主体培育工程，鼓励通过多种形式开展适度规模经营。培育发展家庭农场，提升农民专业合作社规范化水平，鼓励发展农民专业合作社联合社。不断壮大农林产业化龙头企业，鼓励建立现代企业制度。鼓励工商资本到农村投资适合产业化、规模化经营的农业项目，提供区域性、系统性解决方案，与当地农户形成互惠共赢的产业共同体。加快建立新型经营主体支持政策体系和信用评价体系，落实财政、税收、土地、信贷、保险等支持政策，扩大新型经营主体承担涉农项目规模。

44.如何促进小农户和现代农业发展有机衔接？

为促进小农户和现代农业发展有机衔接，通过启动家庭农场培育计划，实施小农户能力提升工程，加强小农户科技装备应用，改善小农户生产基础设施，提升小农户发展能力。引导小农户开展合作与联合，创新合作社组织小农户机制，发挥龙头企业对小农户带动作用，提高小农户组织化程度。支持小农户发展特色优质农产品，带动小农户发展新产业新业态，鼓励小农户创业就业，拓展小农户增收空间。发展农业生产性服务业，加快推进农业生产托管服务，推进面向小农户产销服务，实施互联网+小农户计划，提升小城镇服务小农户功能，健全面向小农户的社会化服务体系。稳定完善小农户土地政策，强化小农户支持政策，健全针对小农户补贴机制，提升金融服务小农户水平，拓宽小农户农业保险覆盖面。

三 如何实现生态宜居

45. 如何认识生态宜居这一乡村振兴的关键？

乡村振兴，生态宜居是关键。良好生态环境是乡村的最大优势和宝贵财富，必须尊重自然、顺应自然、保护自然，推动乡村自然资本加快增值，实现百姓富、生态美的统一。

从农村环境看，化肥农药过量使用，垃圾、污水处理设施不健全等都是隐忧。要加强农村突出环境问题综合治理，开展农业绿色发展行动，实现投入品减量化、生产清洁化、废弃物资源化、产业模式生态化。各地要加快形成种养结合、生态循环、环境优美的田园生态系统，将乡村生态优势转化为发展生态经济的优势。

46. 如何建设生态宜居的美丽乡村？

在农业的主要矛盾已由总量不足转变为结构性矛盾的情

况下，要端正发展理念，转变发展方式，更新发展模式，把农村生态文明摆在更加突出的位置，健全以绿色生态为导向的农业政策支持体系。对生态环境污染的治理要不惜动用真金白银来还债，坚决不欠下新账，逐步还上旧账。要大力推行农业绿色生产方式，打造五谷丰登、六畜兴旺、种养结合、绿色循环的田园生态系统。

要在治理农业生态突出问题上取得新成效。实施国家农业节水行动，加快水污染防治，强化土壤污染管控和修复，加强农业面源污染防治，分类有序退出超载的边际产能。

要在加大农业生态系统保护力度上取得新进展。继续实施重要生态系统保护和修复重大工程，完成永久基本农田控制线划定工作，推进荒漠化、石漠化、水土流失综合治理，强化湿地保护和恢复，完善天然林保护制度，扩大退耕还林还草，扩大轮作休耕试点，健全耕地草原森林河流湖泊休养生息制度。

要在建立市场化、多元化生态补偿机制上取得新突破。推动农业功能区制度，推行重点生态区位商品林政府赎买制度，探索横向利益补偿、生态产品购买、森林碳汇等市场化补偿机制，让保护生态环境不吃亏、得到实实在在的利益。坚决制止和惩处破坏农业生态环境的行为。

要在发展绿色生态产业上迈出新步伐。将乡村生态优势转化为发展生态经济的优势，提供更多更好的绿色生态产品和服务供给，促进生态和经济良性循环。加快发展森林草原旅游、河湖湿地观光、冰雪海上运动、动物驯养观赏等产业，积极开发观光农业、游憩休闲、健康养生、生态教育等服务。要让更多老百姓吃上生态饭，走一条发展“生态农业”“美丽经济”的新路子。

47. 怎样实现百姓富与生态美的统一？

推进乡村绿色发展，打造人与自然和谐共生发展新格局，要求必须尊重自然、顺应自然、保护自然，推动乡村自然资本加快增值，实现百姓富、生态美的统一。

良好生态环境是农村最大优势和宝贵财富。如何真正让农村的绿水青山给农民带来金山银山，是实施乡村振兴战略的重要内容。2018年中央一号文件就如何让农民吃上“生态饭”提出了明确的路径：将乡村生态优势转化为发展生态经济的优势，提供更多更好的绿色生态产品和服务，促进生态和经济良性循环。

加强农业面源污染防治，开展农业绿色发展行动，实现投入品减量化、生产清洁化、废弃物资源化、产业模式生态化。推进有机肥替代化肥、畜禽粪污处理、农作物秸秆综合利用、废弃农膜回收、病虫害绿色防控。

48. 如何坚持绿色发展和生态环境优先战略?

实施乡村振兴战略，要坚持人与自然和谐共生，践行绿水青山就是金山银山的理念，落实节约优先、保护优先、自然恢复为主的方针，统筹山水林田湖草系统治理，严守生态保护红线。过去对农业资源过度的开发和消耗，破坏了原有的生态系统，未来要健全耕地草原森林河流湖泊休养生息制度，分类有序退出超载的边际产能。健全水生态保护修复制度，开展河湖水系连通和农村河塘清淤整治。同时，要开展国土绿化行动，推进荒漠化、石漠化、水土流失综合治理。

49. 如何强化农业资源保护与节约利用?

强化农业资源保护与节约利用，必须实施国家农业节水行动，建设节水型乡村。深入推进农业灌溉用水总量控制和定额管理，建立健全农业节水长效机制和政策体系。逐步明晰农业水权，推进农业水价综合改革，建立精准补贴和节水奖励机制。严格控制未利用地开垦，落实和完善耕地占补平衡制度。实施农用地分类管理，切实加大优先保护类耕地保护力度。降低耕地开发利用强度，扩大轮作休耕制度试点，制定轮作休耕规划。全面普查动植物种质资源，推进种质资源收集保存、鉴定和利用。强化渔业资源管控与养护，实施海洋渔业资源总量管理、海洋渔船"双控"和休禁渔制度，科学划定江河湖海限捕、禁捕区域，建设水生生物保护区、海洋牧场。

50. 如何推进农业清洁生产？

推进农业清洁生产，必须加强农业投入品规范化管理，健全投入品追溯系统，推进化肥农药减量施用，完善农药风险评估技术标准体系，严格饲料质量安全管理。加快推进种养循环一体化，建立农村有机废弃物收集、转化、利用网络体系，推进农林产品加工剩余物资源化利用，深入实施秸秆禁烧制度和综合利用，开展整县推进畜禽粪污资源化利用试点。推进废旧地膜和包装废弃物等回收处理。推行水产健康养殖，加大近海滩涂养殖环境治理力度，严格控制河流湖库、近岸海域投饵网箱养殖。探索农林牧渔融合循环发展模式，修复和完善生态廊道，恢复田间生物群落和生态链，建设健康稳定田园生态系统。

51. 如何集中治理农业环境突出问题？

深入实施土壤污染防治行动计划，开展土壤污染状况详查，积极推进重金属污染耕地等受污染耕地分类管理和安全利用，有序推进治理与修复。加强重有色金属矿区污染综合整治。加强农业面源污染综合防治。加大地下水超采治理，控制地下水漏斗区、地表水过度利用区用水总量。严格工业和城镇污染处理、达标排放，建立监测体系，强化经常性执法监管制度建设，推动环境监测、执法向农村延伸，严禁未经达标处理的城镇污水和其他污染物进入农业农村。

52. 怎样抓好农村人居环境整治三年行动？

深入学习推广浙江“千村示范、万村整治”工程经验，全面开展以农村垃圾污水治理、“厕所革命”和村容村貌提升为重点的农村人居环境整治，确保到2020年实现农村人居环境阶段性明显改善，村庄环境基本干净整洁有序，村民环境与健康意识普遍增强。鼓励各地立足实际、因地制宜，合理选择简便易行、长期管用的整治模式，集中攻克技术难题。建立地方为主、中央补助的政府投入机制。中央财政对农村“厕所革命”整村推进等行动给予补助，对农村人居环境整治先进县给予奖励。中央预算内投资安排专门资金支持农村人居环境整治。允许县级按规定统筹整合相关资金，集中用于农村人居环境整治。鼓励社会力量积极参与，将农村人居环境整治与发展乡村休闲旅游等有机结合。广泛开展村庄清洁行动。开展美丽宜居村庄和最美庭院创建活动。农村人居环境整治工作要同农村经济发展水平相适应、同当地文化和风土人情相协调，注重实效，防止做表面文章。

53. 如何实施村庄基础设施建设工程?

实施村庄基础设施建设,可通过推进农村饮水安全巩固提升工程,加强农村饮用水水源地保护,加快解决农村“吃水难”和饮水不安全问题。全面推进“四好农村路”建设,加大“路长制”和示范县实施力度,实现具备条件的建制村全部通硬化路,有条件的地区向自然村延伸。加强村内道路建设。全面实施乡村电气化提升工程,加快完成新一轮农村电网改造。完善县乡村物流基础设施网络,支持产地建设农产品贮藏保鲜、分级包装等设施,鼓励企业在县乡和具备条件的村建立物流配送网点。加快推进宽带网络向村庄延伸,推进提速降费。继续推进农村危房改造。健全村庄基础设施建设管理长效机制,明确各方管护责任,鼓励地方将管护费用纳入财政预算。

54. 如何加强农村污染治理和生态环境保护?

加强农村污染治理和生态环境保护,必须统筹推进山水林田湖草系统治理,推动农业农村绿色发展。加大农业面源污染治理力度,开展农业节肥节药行动,实现化肥农药使用量负增长。发展生态循环农业,推进畜禽粪污、秸秆、农膜等农业废弃物资源化利用,实现畜牧养殖大县粪污资源化利用整县治理全覆盖，下大力气治理白色污染。扩大轮作休耕制度试点，加快构建中国特色的绿色种植制度。创建农业绿色发展先行区，将绿色发展导向贯穿于农业农村发展全过程。实施乡村绿化美化行动，建设一批森林乡村，保护古树名木，开展湿地生态效益补偿和退耕还湿。全面保护天然林。加强“三北”地区退化防护林修复。扩大退耕还林还草，稳步实施退牧还草。实施新一轮草原生态保护补助奖励政策。落实“河长制”“湖长制”，推进农村水环境治理，严格乡村河湖水域岸线等水生态空间管理。

55. 如何统筹山水林田湖草系统治理？

统筹山水林田湖草系统治理，必须把山水林田湖草作为一个生命共同体，进行统一保护、统一修复。实施重要生态系统保护和修复工程。健全耕地、草原、森林、河流、湖泊休养生息制度，分类有序退出超载的边际产能。扩大耕地轮作休耕制度试点。科学划定江河湖海限捕、禁捕区域，健全水生生态保护修复制度。实行水资源消耗总量和强度双控行动。开展河湖水系连通和农村河塘清淤整治，全面推行“河长制”“湖长制”。加大农业水价综合改革工作力度。开展国土绿化行动，推进荒漠化、石漠化、水土流失综合治理。强化湿地保护和恢复，继续开展退耕还湿。完善天然林保护制度，把所有天然林都纳入保护范围。扩大退耕还林还草、退牧还草，建立成果巩固长效机制。继续实施"三北"防护林体系建设等林业重点工程,实施森林质量精准提升工程。继续实施草原生态保护补助奖励政策,保护草原生态,保障牛羊肉等特色畜产品供给,促进牧民增收。实施生物多样性保护重大工程,有效防范外来生物入侵。

56. 如何建立市场化多元化生态补偿机制?

落实农业功能区制度,加大重点生态功能区转移支付力度,完善生态保护成效与资金分配挂钩的激励约束机制。鼓励地方在重点生态区位推行商品林赎买制度。健全地区间、流域上下游之间横向生态保护补偿机制,探索建立生态产品购买、森林碳汇等市场化补偿制度。建立长江流域重点水域禁捕补偿制度。推行生态建设和保护以工代赈做法,提供更多生态公益岗位。

57. 如何做好生态宜居乡村建设的顶层设计?

生态宜居乡村的建设,是一项长期而又艰巨的任务,除了要重点解决农村生态保护与经济发展的矛盾问题,还必须关注农村经济发展质量和经济发展的可持续性。因此,在乡村振兴模式下做好生态宜居乡村建设工作,首先要求上级政府部门开展广泛调研、做好顶层设计,制订出具有针对性、实用性的生态宜居乡村建设方案。这样才能够在具体落实生态宜居乡村建设任务时，做到有的放矢，提高针对性和实用性，用最低的成本投入、最少的资源消耗，取得最优的建设成果。在此基础上，还要考虑到乡村基础设施匮乏、污染治理难度大的客观现状，由财政拨款提供资金保障，为生态宜居乡村建设工作开展提供支持。对于个别经济落后的地区，为了减轻地方政府财政压力，还可以通过由政府牵头，动员企业资本投入，为生态宜居乡村建设贡献一份力量。

58.如何激发村民建设生态宜居乡村的积极性？

生态宜居乡村建设需要村民的广泛参与，才能最终得到村民的广泛认同。因此，必须要通过多种途径，宣传、动员各地村民，积极参与到本村的生态宜居乡村建设活动中。要善于利用网络、电视等媒介进行生态宜居乡村建设的宣传活动，在宣传过程中展示乡村的美好，从而加强村民心理上的认同感，让村民意识到绿色生活、绿色发展、绿色出行的重要性。要让村民意识到保护环境、节约资源的重要性，强化村民的环保理念。还可以利用村落中的文化墙进行宣传，在每个村落的重要位置都会设置相应的文化墙，在文化墙中会有重要内容以及党建文化等。另外，地方政府部门也要出台一些优惠政策，吸引农村外出的劳动力、大学生等，回到家乡参与生态宜居乡村建设工作，只有提供了充足的人力支持，生态宜居乡村才能早日建成。

四 如何看待乡风文明

59. 如何认识乡风文明这一乡村振兴的保障?

乡村振兴,乡风文明是保障。必须坚持物质文明和精神文明一起抓,提升农民精神风貌,培育文明乡风、良好家风、淳朴民风,不断提高乡村社会文明程度。

从农村民生领域看,农村基础设施依然薄弱,医疗、教育、出行等领域欠账还较多,如何进一步提升农民生活幸福感和获得感?要推动农村基础设施建设提档升级。优先发展农村教育事业,推进健康乡村建设,加强农村民生保障体系建设。在农村幼有所育、学有所教、病有所医、老有所养、住有所居等方面持续取得新进展,织密兜牢困难群众基本生活的社会安全网。

60. 如何建设乡风文明的乡村?

振兴乡村,必须坚持精神文明、物质文明“两手抓、两手都要硬”，坚持既要“富口袋”也要“富脑袋”。

要在思想道德上下功夫，弘扬和践行社会主义核心价值观。要积极宣传爱党、爱国、爱家的理想，还要注重道德、诚信、孝道这些千年传承的价值观。要从传承中华优秀传统文化、增强发展软实力的战略高度，发掘、继承、创新和发展优秀乡土文化，使之成为中国特色社会主义中有特色的重要组成部分。要充分挖掘有农耕文明、民族特色、地域特点的物质文化和非物质文化遗产，保护好古村落、古建筑、民族村寨，大力保护农业文化遗产。

要在乡村文明原生态保护好传承好的基础上，把我国农耕文明优秀遗产和现代文明要素结合起来，赋予新的时代内涵。要更好地发挥基层文化服务部门的作用，让“三农”题材的好作品多起来，让我们的农村文化市场繁荣起来，让我国历史悠久的农耕文明在新时代展现其魅力和风采。

要加强农民移风易俗工作，形成文明乡风、良好家风、淳朴民风。现在，农村一些地方不良风气盛行，天价彩礼让人“娶不起”，名目繁多的人情礼金让人“还不起”。彩礼过重，一些地方农村出现了“因婚致贫”现象。乡村是要有人情味，但不能背人情债。要坚决遏制大操大办、厚葬薄养、人情攀比等陈规陋习。

61. 如何加强农村精神文明建设？

加强农村精神文明建设，必须正确引导农民践行社会主义核心价值观，巩固党在农村的思想阵地。加强宣传教育，做好农民群众的思想工作，宣传党的路线方针和强农惠农富农政策，引导农民听党话、感党恩、跟党走。开展新时代文明实践中心建设试点，抓好县级融媒体中心建设。深化拓展群众性精神文明创建活动，推出一批农村精神文明建设示范县、文明村镇、最美家庭，挖掘和树立道德榜样典型，发挥示范引领作用。支持建设文化礼堂、文化广场等设施，培育特色文化村镇、村寨。持续推进农村移风易俗工作，引导和鼓励农村基层群众性自治组织采取约束性强的措施，对婚丧陋习、天价彩礼、孝道式微、老无所养等不良社会风气进行治理。

62. 如何践行社会主义核心价值观？

要坚持教育引导、实践养成、制度保障三管齐下，采取符合农村特点的方式方法和载体，深化中国特色社会主义和中国梦宣传教育，大力弘扬民族精神和时代精神。加强爱国主义、集体主义、社会主义教育，深化民族团结进步教育。注重典型示范，深入实施时代新人培育工程，推出一批新时代农民的先进模范人物。把社会主义核心价值观融入法治建设，推动公正文明执法司法，彰显社会主流价值。强化公共政策价值导向，探索建立重大公共政策道德风险评估和纠偏机制。

63. 如何巩固农村思想文化阵地？

巩固农村思想文化阵地，必须推动基层党组织、基层单位、农村社区有针对性地加强农村群众性思想政治工作。加强对农村社会热点难点问题的应对解读，合理引导社会预期。健全人文关怀和心理疏导机制，培育自尊自信、理性平和、积极向上的农村社会心态。深化文明村镇创建活动，进一步提高县级及以上文明村和文明乡镇的占比。广泛开展星级文明户、文明家庭等群众性精神文明创建活动。深入开展“扫黄打非”进基层。重视发挥社区教育作用，做好家庭教育，传承良好家风家训。完善文化科技卫生“三下乡”长效机制。

64. 如何倡导诚信道德规范？

深入实施公民道德建设工程，推进社会公德、职业道德、家庭美德、个人品德建设。推进诚信建设，强化农民的社会责任意识、规则意识、集体意识和主人翁意识。建立健全农村信用体系，完善守信激励和失信惩戒机制。弘扬劳动最光荣、劳动者最伟大的观念。弘扬中华孝道，强化孝敬父母、尊敬长辈的社会风尚。广泛开展好媳妇、好儿女、好公婆等评选表彰活动，开展寻找最美乡村教师、医生、村干部、人民调解员等活动。深入宣传道德模范、身边好人的典型事迹，建立健全先进模范发挥作用的长效机制。

65. 如何保护利用乡村传统文化？

保护利用乡村传统文化，可通过实施农耕文化传承保护工程，深入挖掘农耕文化中蕴含的优秀思想观念、人文精神、道德规范，充分发挥其在凝聚人心、教化群众、淳化民风中的重要作用。划定乡村建设的历史文化保护线，保护好文物古迹、传统村落、民族村寨、传统建筑、农业遗迹、灌溉工程遗产。传承传统建筑文化，使历史记忆、地域特色、民族特点融入乡村建设与维护。支持农村地区优秀戏曲曲艺、少数民族文化、民间文化等传承发展。完善非物质文化遗产保护制度，实施非物质文化遗产传承发展工程。实施乡村经济社会变迁物证征藏工程，鼓励乡村史志修编。

66. 如何重塑乡村文化生态？

重塑乡村文化生态，可紧密结合特色小镇、美丽乡村建设，深入挖掘乡村特色文化符号，盘活地方和民族特色文化资源，走特色化、差异化发展之路。以形神兼备为导向，保护乡村原有建筑风貌和村落格局，把民族文化、民间文化元素融入乡村建设，深挖历史古韵，弘扬人文之美，重塑诗意闲适的人文环境和田绿草青的居住环境，重现原生田园风光和原本乡情乡愁。引导企业家、文化工作者、退休人员、文化志愿者等投身乡村文化建设，丰富农村文化业态。

67. 怎样发展乡村特色文化产业？

发展乡村特色文化产业，必须加强规划引导、典型示范，挖掘培养乡土文化本土人才，建设一批特色鲜明、优势突出的农耕文化产业展示区，打造一批特色文化产业乡镇、文化产业特色村和文化产业群。大力推动农村地区实施传统工艺振兴计划，培育形成具有民族和地域特色的传统工艺产品，促进传统工艺提高品质、形成品牌、带动就业。积极开发传统节日文化用品和武术、戏曲、舞龙、舞狮、锣鼓等民间艺术、民俗表演项目，促进文化资源与现代消费需求有效对接。推动文化、旅游与其他产业深度融合、创新发展。

68. 如何健全公共文化服务体系?

按照有标准、有网络、有内容、有人才的要求,健全乡村公共文化服务体系。推动县级图书馆、文化馆总分馆制,发挥县级公共文化机构辐射作用,加强基层综合性文化服务中心建设,实现乡村两级公共文化服务全覆盖,提升服务效能。完善农村新闻出版广播电视公共服务覆盖体系,推进数字广播电视户户通,探索农村电影放映的新方法新模式,推进农家书屋延伸服务和提质增效。继续实施公共数字文化工程,积极发挥新媒体作用,使农民群众能便捷地获取优质数字文化资源。完善乡村公共体育服务体系,推动乡村健身设施全覆盖。

69. 如何增加公共文化产品和服务供给?

深入推进文化惠民,为农村地区提供更多更好的公共文化产品和服务。建立农民群众文化需求反馈机制,推动政府向社会购买公共文化服务,开展“菜单式”“订单式”服务。加强公共文化服务品牌建设,推动形成具有鲜明特色和社会影响力的农村公共文化服务项目。开展文化结对帮扶。支持“三农”题材文艺创作生产,鼓励文艺工作者推出反映农民生产生活尤其是乡村振兴实践的优秀文艺作品。鼓励各级文艺组织深入农村地区开展惠民演出活动。加强农村科普工作，推动全民阅读进家庭、进农村，提高农民科学文化素养。

70. 如何广泛开展群众文化活动？

广泛开展群众文化活动，必须完善群众文艺扶持机制，鼓励农村地区自办文化。培育挖掘乡土文化本土人才，支持乡村文化能人。加强基层文化队伍培训，培养一支懂文艺爱农村爱农民、专兼职相结合的农村文化工作队伍。传承和发展民族民间传统体育，广泛开展形式多样的农民群众性体育活动。鼓励开展群众性节日民俗活动，支持文化志愿者深入农村开展丰富多彩的文化志愿服务活动。活跃繁荣农村文化市场，推动农村文化市场转型升级，加强农村文化市场监管。

五 如何把握治理有效

71. 如何认识治理有效这一乡村振兴的基础?

乡村振兴,治理有效是基础。必须把夯实基层基础作为固本之策,建立健全党委领导、政府负责、社会协同、公众参与、法治保障的现代乡村社会治理体制,坚持自治、法治、德治相结合,确保乡村社会充满活力、和谐有序。

从乡村治理看,当前农村正处于社会转型关键期,农村基层组织软弱涣散现象依然存在,乡村治理体系和治理能力亟待强化,如何实现治理有效?要扎实推进抓党建促乡村振兴,强化农村基层党组织领导核心地位。坚持自治为基,加强农村群众性自治组织建设。深入开展扫黑除恶专项斗争。

72. 如何建设治理有效的乡村?

党的工作最坚实的力量支撑在基层,经济社会发展和民生最突出的矛盾和问题也在基层。基层工作的依托在基层组织。实施乡村振兴战略，要抓住乡村组织体系这个“牛鼻子”，着力解决乡村社会“散”的问题。要建立和完善以党的基层组织为核心、村民自治和村务监督组织为基础、集体经济组织和农民合作组织为纽带、各种社会服务组织为补充的农村组织体系。

要把农村基层党组织建设成为落实党的政策、领导基层治理、带领农民致富、维护农村稳定的坚强战斗堡垒。乡村治理是国家治理的基石。党的十九大报告提出，要健全自治、法治、德治相结合的乡村治理体系。这一论断对加强和创新乡村治理具有重要指导意义。

要创新村民自治有效实现形式，特别要推动社会治理重心向基层下移。村民自治制度是我国农村基本社会制度，要不断丰富基层民主协商的实现形式。老百姓不怕吃亏，就怕不公平，化解农村基层突出矛盾，就是要让农民“说事、议事、主事”。法治是乡村治理的前提和保障，必须改变习惯于用行政手段管理农村的做法，将政府涉农的各项工作纳入法治化轨道。

乡村社会与城市社会有一个显著的不同，就是人们大多“生于斯、长于斯”，“熟人社会”特征明显。完善乡村治理体系，要大力弘扬中华民族优秀传统文化，发挥好“新乡贤”积极作用，德、礼、法并用，加快形成自治为基、法治为本、德治为先的“三治”结合的治理格局，以自治消化矛盾，以法治定纷止争，以德治春风化雨，以党的领导统揽全局。

73. 如何增强乡村治理能力？

增强乡村治理能力，必须建立健全党组织领导的自治、法治、德治相结合的领导体制和工作机制，发挥群众参与治理主体作用。开展乡村治理体系建设试点和乡村治理示范村镇创建。加强自治组织规范化制度化建设，健全村级议事协商制度，推进村级事务公开，加强村级权力有效监督。指导农村普遍制定或修订村规民约。推进农村基层依法治理，建立健全公共法律服务体系。加强农业综合执法。

74. 如何创新乡村治理体系走乡村善治之路？

一是要建立健全党委领导、政府负责、社会协同、公众参与、法治保障的现代乡村社会治理体制，健全自治、法治、德治相结合的乡村治理体系。二是要在依法治理的基础上，重视综合治理、系统治理、源头治理，礼、法、德并用，以自治消化矛盾、法治定纷止争、以德治春风化雨，以党的领导统揽全局。三是要加强农村基层基础工作，强化农村基层党组织领导核心地位，深化村民自治实践，严肃查处侵犯农民利益的"微腐败"，建设平安乡村，确保乡村社会充满活力、和谐有序。

75. 如何深化村民自治实践？

深化村民自治实践，必须加强农村群众性自治组织建设。完善农村民主选举、民主协商、民主决策、民主管理、民主监督制度。规范村民委员会等自治组织选举办法，健全民主决策程序。依托村民会议、村民代表会议、村民议事会、村民理事会等，形成民事民议、民事民办、民事民管的多层次基层协商格局。创新村民议事形式，完善议事决策主体和程序，落实群众的知情权和决策权。全面建立健全村务监督委员会，健全务实管用的村务监督机制，推行村级事务“阳光工程”。充分发挥自治章程、村规民约在农村基层治理中的独特功能，弘扬公序良俗。继续开展以村民小组或自然村为基本单元的村民自治试点工作。加强基层纪委监委对村民委员会的联系和指导。

76. 如何推进乡村法治建设？

深入开展“法律进乡村”宣传教育活动，提高农民法治素养，引导干部群众尊法学法守法用法。增强基层干部法治观念、法治为民意识，把政府各项涉农工作纳入法治化轨道。维护村民委员会、农村集体经济组织、农村合作经济组织的特别法人地位和权利。深入推进综合行政执法改革向基层延伸，创新监管方式，推动执法队伍整合、执法力量下沉，提高执法能力和水平。加强乡村人民调解组织建设，建立健全乡村调解、县市仲裁、司法保障的农村土地承包经营纠纷调处机制。健全农村公共法律服务体系，加强对农民的法律援助、司法救助和公益法律服务。深入开展法治县（市、区）、民主法治示范村等法治创建活动，深化农村基层组织依法治理。

77. 怎样提升乡村德治水平？

提升乡村德治水平，必须深入挖掘乡村“熟人社会”蕴含的道德规范，结合时代要求进行创新，强化道德教化作用，引导农民向上向善、孝老爱亲、重义守信、勤俭持家。建立道德激励约束机制，引导农民自我管理、自我教育、自我服务、自我提高，实现家庭和睦、邻里和谐、干群融洽。积极发挥新乡贤作用。深入推进移风易俗，开展专项文明行动，遏制大操大办、相互攀比、天价彩礼、厚葬薄养等陈规陋习。加强无神论宣传教育，抵制封建迷信活动。深化农村殡葬改革。

78. 如何持续推进平安乡村建设？

深入推进扫黑除恶专项斗争，严厉打击农村黑恶势力，杜绝村霸等黑恶势力对基层政权的侵蚀。严厉打击敌对势力、邪教组织、非法宗教活动向农村地区的渗透。推进纪检监察工作向基层延伸，坚决查处发生在农民身边的不正之风和腐败问题。健全落实社会治安综合治理领导责任制。深化拓展网格化服务管理，整合配优基层一线平安建设力量，把更多资源、服务、管理放到农村社区。加强乡村交通、消防、公共卫生、食品药品安全、地质灾害等公共安全事件易发领域隐患排查和专项治理。加快建设信息化、智能化农村社会治安防控体系，继续推进农村“雪亮工程”建设。坚持发展新时代“枫桥经验”，完善农村矛盾纠纷排查调处化解机制，提高服务群众、维护稳定的能力和水平。

79. 如何加强农村基层党组织建设？

加强农村基层党组织建设，必须扎实推进抓党建促乡村振兴，突出政治功能，提升组织力，抓乡促村，把农村基层党组织建成坚强战斗堡垒。强化农村基层党组织领导核心地位，创新组织设置和活动方式，持续整顿软弱涣散村党组织，稳妥有序开展不合格党员处置工作，着力引导农村党员发挥先锋模范作用。建立选派第一书记工作长效机制，全面向贫困村、软弱涣散村和集体经济薄弱村党组织派出第一书记。实施农村带头人队伍整体优化提升行动，注重吸引高校毕业生、农民工、机关企事业单位优秀党员干部到村任职，选优配强村党组织书记。

健全从优秀村党组织书记中选拔乡镇领导干部、考录乡镇机关公务员、招聘乡镇事业编制人员制度。加大在优秀青年农民中发展党员力度。建立农村党员定期培训制度。全面落实村级组织运转经费保障政策。推行村级小微权力清单制度，加大基层小微权力腐败惩处力度。严厉整治惠农补贴、集体资产管理、土地征收等领域侵害农民利益的不正之风和腐败问题。

80. 怎样加强农村党员队伍建设？

加强农村党员教育、管理、监督，推进“两学一做”学习教育常态化制度化，教育引导广大党员自觉用习近平新时代中国特色社会主义思想武装头脑。严格党的组织生活，全面落实“三会一课”、主题党日、谈心谈话、民主评议党员、党员联系农户等制度。加强农村流动党员管理。注重发挥无职党员作用。扩大党内基层民主，推进党务公开。加强党内激励关怀帮扶，定期走访慰问农村老党员、生活困难党员，帮助解决实际困难。稳妥有序开展不合格党员组织处置工作。加大在青年农民、外出务工人员、妇女中发展党员力度。

81. 如何发挥村级各类组织作用？

理清村级各类组织功能定位，实现各类基层组织按需设置、按职履责、有人办事、有章理事。村民委员会要履行好基层群众性自治组织功能，增强村民自我管理、自我教育、自我服务能力。全面建立健全村务监督委员会，发挥在村务决策和公开、财产管理、工程项目建设、惠农政策措施落实等事项上的监督作用。强化集体经济组织服务功能，发挥在管理集体资产、合理开发集体资源、服务集体成员等方面的作用。发挥农村社会组织在服务农民、树立新风等方面的积极作用。

82. 如何发展新型农村集体经济？

深入推进农村集体产权制度改革，推动资源变资产、资金变股金、农民变股东，发展多种形式的股份合作。完善农民对集体资产股份的占有、收益、有偿退出及抵押、担保、继承等权能和管理办法。研究制定农村集体经济组织法，充实农村集体产权权能。鼓励经济实力强的农村集体组织辐射带动周边村庄共同发展。发挥村党组织对集体经济组织的领导核心作用，防止内部少数人控制和外部资本侵占集体资产。

83. 如何完善村级组织运转经费保障机制？

健全以财政投入为主的稳定的村级组织运转经费保障制度，全面落实村干部报酬待遇和村级组织办公经费，建立正常增长机制，保障村级公共服务运行维护等其他必要支出。把发展壮大村级集体经济作为发挥农村基层党组织领导作用的重要举措，加大政策扶持和统筹推进力度，因地制宜发展壮大村级集体经济，增强村级组织自我保障和服务农民的能力。

84. 什么是农村"雪亮工程"？

"雪亮工程"是以县、乡、村三级综治中心为指挥平台、以综治信息化为支撑、以网格化管理为基础、以公共安全视频监控联网应用为重点的"群众性治安防控工程"。它通过三级综治中心建设把治安防范措施延伸到群众身边，发动社会力量和广大群众共同监看视频监控，共同参与治安防范，从而真正实现治安防控"全覆盖、无死角"。因为"群众的眼睛是雪亮的"，所以称之为"雪亮工程"。

六 如何达到生活富裕

85. 如何认识生活富裕这一乡村振兴的根本?

乡村振兴的出发点和落脚点,是让亿万农民生活得更加美好。围绕农民群众最关心最直接最现实的利益问题,抓重点、补短板、强弱项,拓宽农民增收渠道,增加农村低收入者收入,扩大中等收入群体,保持农民收入增速快于城镇居民,加强农村社会保障体系建设,持续改善农村人居环境。

86. 如何建设生活富裕的乡村?

建设生活富裕的乡村,必须不断提高、保障和改善农村民生水平,加快推进城乡基本公共服务均等化。坚持人人尽责、人人享有,按照抓重点、补短板、强弱项的要求,多为农民谋利,多为农民解忧。坚持把农民群众的小事当作自己的大事,从农民群众关心的事情做起,从让农民群众满意的事情做起,脚踏实地解决好农村民生问题，使农民的获得感、幸福感、安全感更加充实、更有保障、更可持续。

促进农民就业和增收。要继续促进农民进城转移就业，尽快让符合条件的农业转移人口在城市落户，加快实现基本公共服务对常住人口的全覆盖。既要鼓励农民走出去，又要拓展农民就地就近就业增收空间。

加强农村基础设施建设，提高农村公共服务水平。要把公共基础设施建设的重点放在农村，推动农村基础设施建设提档升级，完善管护运行机制。推动社会保障制度城乡统筹并轨，完善统一的城乡居民基本医疗保险制度和大病保险制度，统筹城乡救助体系，完善城乡居民基本养老保险制度，完善农村最低生活保障制度。健全农村留守儿童、妇女和老年人关爱服务体系。加强农村基层医疗卫生服务体系和医生队伍建设。提升农村防灾救灾减灾能力。

深入开展农村人居环境整治。聚焦农村生活垃圾处理、生活污水治理、村容村貌整治，推进农村“厕所革命”和“四好农村路”建设，实施《农村人居环境整治三年行动方案》。

87. 如何做到不折不扣地完成脱贫攻坚任务?

咬定既定脱贫目标，落实已有政策部署，到2020年确保现行标准下农村贫困人口实现脱贫、贫困县全部摘帽、解决区域性整体贫困。坚持现行扶贫标准，全面排查解决影响“两不愁三保障”实现的突出问题，防止盲目拔高标准、吊高胃口，杜绝数字脱贫、虚假脱贫。加强脱贫监测。进一步压实脱贫攻坚责任，落实最严格的考核评估，精准问责问效。继续加强东西部扶贫协作和中央单位定点扶贫。深入推进抓党建促脱贫攻坚。组织开展常态化约谈，发现问题随时约谈。用好脱贫攻坚专项巡视成果，推动落实脱贫攻坚政治责任。

88. 如何开展对深度贫困地区的主攻？

开展对深度贫困地区的主攻，必须瞄准制约深度贫困地区精准脱贫的重点难点问题，列出清单，逐项明确责任，对账销号。重大工程建设项目继续向深度贫困地区倾斜，特色产业扶贫、易地扶贫搬迁、生态扶贫、金融扶贫、社会帮扶、干部人才引进等政策措施向深度贫困地区倾斜。各级财政优先加大“三区三州”脱贫攻坚资金投入。对“三区三州”以外贫困人口多、贫困发生率高、脱贫难度大的深度贫困地区，也要统筹资金项目，加大扶持力度。

89. 如何着力解决扶贫过程中的突出问题？

注重发展长效扶贫产业，着力解决产销脱节、风险保障不足等问题，提高贫困人口参与度和直接受益水平。强化易地扶贫搬迁后续措施，着力解决重搬迁、轻后续帮扶问题，确保搬迁一户、稳定脱贫一户。加强贫困地区义务教育控辍保学，避免因贫失学辍学。落实基本医疗保险、大病保险、医疗救助等多重保障措施，筑牢乡村卫生服务网底，保障贫困人口基本医疗需求。扎实推进生态扶贫，促进扶贫开发与生态保护相协调。坚持扶贫与扶志、扶智相结合，加强贫困地区职业教育和技能培训，加强开发式扶贫与保障性扶贫统筹衔接，着力解决“一兜了之”和部分贫困人口等、靠、要问题，增强贫困群众内生动力和自我发展能力。切实加强一线精准帮扶力量，选优配强驻村工作队伍。关心关爱扶贫干部，加大工作支持力度，帮助解决实际困难，解除后顾之忧。持续开展扶贫领域腐败和作风问题专项治理，严厉查处虚报冒领、贪占挪用和优亲厚友、吃拿卡要等问题。

90. 如何巩固和扩大脱贫攻坚成果？

攻坚期内贫困县、贫困村、贫困人口退出后，相关扶贫政策保持稳定，减少和防止贫困人口返贫。研究解决收入水平略高于建档立卡贫困户的群众缺乏政策支持等新问题。坚持和推广脱贫攻坚中的好经验好做法好路子。做好脱贫攻坚与乡村振兴的衔接，对摘帽后的贫困县要通过实施乡村振兴战略巩固发展成果，继续推动经济社会发展和群众生活改善。总结脱贫攻坚的实践创造和伟大精神。及早谋划脱贫攻坚目标任务2020年完成后的战略思路。

91. 如何改善农村交通物流设施条件？

以示范县为载体全面推进“四好农村路”建设，深化农村公路管理养护体制改革，健全管理养护长效机制，完善安全防护设施，保障农村地区基本出行条件。推动城市公共交通线路向城市周边延伸，鼓励发展镇村公交，实现具备条件的建制村全部通客车。加大对革命老区、民族地区、边疆地区、贫困地区铁路公益性运输的支持力度，继续开好“慢火车”。加快构建农村物流基础设施骨干网络，鼓励商贸、邮政、快递、供销、运输等企业加大在农村地区的设施网络布局。加快完善农村物流基础设施末端网络，鼓励有条件的地区建设面向农村地区的共同配送中心。

92. 如何加强农村水利基础设施网络建设？

构建大中小微结合、骨干和田间衔接、长期发挥效益的农村水利基础设施网络，着力提高节水供水和防洪减灾能力。科学有序推进重大水利工程建设，加强灾后水利薄弱环节建设，统筹推进中小型水源工程和抗旱应急能力建设。巩固提升农村饮水安全保障水平，开展大中型灌区续建配套节水改造与现代化建设，有序新建一批节水型、生态型灌区，实施大中型灌排泵站更新改造。推进小型农田水利设施达标提质，实施水系连通和河塘清淤整治等工程建设。推进智慧水利建设。深化农村水利工程产权制度与管理体制改革，健全基层水利服务体系，促进工程长期良性运行。

93. 如何构建农村现代能源体系?

优化农村能源供给结构，大力发展太阳能、浅层地热能、生物质能等，因地制宜开发利用水能和风能。完善农村能源基础设施网络，加快新一轮农村电网升级改造，推动供气设施向农村延伸。加快推进生物质热电联产、生物质供热、规模化生物质天然气和规模化大型沼气等燃料清洁化工程。推进农村能源消费升级，大幅提高电能在农村能源消费中的比例，加快实施北方农村地区冬季清洁取暖，积极稳妥推进散煤替代。推广农村绿色节能建筑和农用节能技术、产品。大力发展“互联网+”智慧能源，探索建设农村能源革命示范区。

94. 如何夯实乡村信息化基础？

深化电信普遍服务试点，加快农村地区宽带网络和第四代移动通信网络覆盖步伐。实施新一代信息基础设施建设工程。实施数字乡村战略，加快物联网、地理信息、智能设备等现代信息技术与农村生产生活的全面深度融合，深化农业农村大数据创新应用，推广远程教育、远程医疗、金融服务进村等信息服务，建立空间化、智能化的新型农村统计信息系统。在乡村信息化基础设施建设过程中，同步规划、同步建设、同步实施网络安全工作。

95. 如何拓宽转移就业渠道？

增强经济发展创造就业岗位能力，拓宽农村劳动力转移就业渠道，引导农村劳动力外出就业，更加积极地支持就地就近就业。发展壮大县域经济，加快培育区域特色产业，拓宽农民就业空间。大力发展吸纳就业能力强的产业和企业，结合新型城镇化建设合理引导产业梯度转移，创造更多适合农村劳动力转移就业的机会，推进农村劳动力转移就业示范基地建设。加强劳务协作，积极开展有组织的劳务输出。实施乡村就业促进行动，大力发展乡村特色产业，推进乡村经济多元化，提供更多就业岗位。结合农村基础设施等工程建设,鼓励采取以工代赈方式就近吸纳农村劳动力务工。

96. 如何支持乡村创新创业?

鼓励外出农民工、高校毕业生、退伍军人、城市各类人才返乡下乡创新创业,支持建立多种形式的创业支撑服务平台,完善乡村创新创业支持服务体系。落实好减税降费政策,鼓励地方设立乡村就业创业引导基金,加快解决用地、信贷等困难。加强创新创业孵化平台建设,支持创建一批返乡创业园,支持发展小微企业。

97. 如何提升农村公共服务水平?

全面提升农村教育、医疗卫生、社会保障、养老、文化体育等公共服务水平,加快推进城乡基本公共服务均等化。推动城乡义务教育一体化发展,深入实施农村义务教育学生营养改善计划。实施高中阶段教育普及攻坚计划,加强农村儿童健康改善和早期教育、学前教育。加快标准化村卫生室建设,实施全科医生特岗计划。建立健全统一的城乡居民基本医疗保险制度,同步整合城乡居民大病保险。完善城乡居民基本养老保险待遇确定和基础养老金正常调整机制。统筹城乡社会救助体系，完善最低生活保障制度、优抚安置制度。加快推进农村基层综合性文化服务中心建设。完善农村留守儿童、妇女和老年人关爱服务体系，支持多层次农村养老事业发展，加强和改善农村残疾人服务。推动建立城乡统筹的基本公共服务经费投入机制，完善农村基本公共服务标准。

98. 如何优先发展农村教育事业？

优先发展农村教育事业，必须统筹规划布局农村基础教育学校，保障学生就近享有有质量的教育。科学推进义务教育公办学校标准化建设，全面改善贫困地区义务教育薄弱学校基本办学条件，加强寄宿制学校建设，提升乡村教育质量，实现县域校际资源均衡配置。发展农村学前教育，每个乡镇至少办好1所公办中心幼儿园，完善县乡村学前教育公共服务网络。继续实施特殊教育提升计划。科学稳妥推行民族地区乡村中小学双语教育，坚定不移推行国家通用语言文字教育。实施高中阶段教育普及攻坚计划，提高高中阶段教育普及水平。大力发展面向农村的职业教育，加快推进职业院校布局结构调整，加强县级职业教育中心建设，有针对性地设置专业和课程，满足乡村产业发展和振兴需要。推动优质学校辐射农村薄弱学校常态化，加强城乡教师交流轮岗。积极发展“互联网+教育”，推进乡村学校信息化基础设施建设，优化数字教育资源公共服务体系。落实好乡村教师支持计划，继续实施农村义务教育学校教师特设岗位计划，加强乡村学校紧缺学科教师和民族地区双语教师培训，落实乡村教师生活补助政策，建好建强乡村教师队伍。

99. 如何推进健康乡村建设？

推进健康乡村建设，通过深入实施国家基本公共卫生服务项目，完善基本公共卫生服务项目补助政策，提供基础性全方位全周期的健康管理服务。加强慢性病、地方病综合防控，大力推进农村地区精神卫生、职业病和重大传染病防治。深化农村计划生育管理服务改革，落实全面“二孩”政策。增强妇幼健康服务能力，倡导优生优育。加强基层医疗卫生服务体系建设，基本实现每个乡镇都有1所政府举办的乡镇卫生院，每个行政村都有1所卫生室，每个乡镇卫生院都有全科医生，支持中西部地区基层医疗卫生机构标准化建设和设备提档升级。切实加强乡村医生队伍建设，支持并推动乡村医生申请执业（助理）医师资格。全面建立分级诊疗制度，实行差别化的医保支付和价格政策。深入推进基层卫生综合改革，完善基层医疗卫生机构绩效工资制度。开展和规范家庭医生签约服务。树立大卫生大健康理念，广泛开展健康教育活动，倡导科学文明健康的生活方式，养成良好卫生习惯，提升居民文明卫生素质。

100. 如何加强农村社会保障体系建设？

加强农村社会保障体系建设，可以按照兜底线、织密网、建机制的要求，全面建成覆盖全民、城乡统筹、权责清晰、保障适度、可持续的多层次社会保障体系。进一步完善城乡居民基本养老保险制度，加快建立城乡居民基本养老保险待遇确定和基础养老金标准正常调整机制。完善统一的城乡居民基本医疗保险制度和大病保险制度，做好农民重特大疾病救助工作，健全医疗救助与基本医疗保险、城乡居民大病保险及相关保障制度的衔接机制，巩固城乡居民医保全国异地就医联网直接结算。推进低保制度城乡统筹发展，健全低保标准动态调整机制。全面实施特困人员救助供养制度，提升托底保障能力和服务质量。推动各地通过政府购买服务、设置基层公共管理和社会服务岗位、引入社会工作专业人才和志愿者等方式，为农村留守儿童、妇女和老年人以及困境儿童提供关爱服务。加强和改善农村残疾人服务，将残疾人普遍纳入社会保障体系予以保障和扶持。

101. 怎样提升农村养老服务能力？

适应农村人口老龄化加剧形势，加快建立以居家为基础、社区为依托、机构为补充的多层次农村养老服务体系。以乡镇为中心，建立具有综合服务功能、医养相结合的养老机构，与农村基本公共服务、农村特困供养服务、农村互助养老服务相互配合，形成农村基本养老服务网络。提高乡村卫生服务机构为老年人提供医疗保健服务的能力。支持主要面向失能、半失能老年人的农村养老服务设施建设，推进农村幸福院等互助型养老服务发展，建立健全农村留守老年人关爱服务体系。开发农村康养产业项目。鼓励村集体建设用地优先用于发展养老服务。

102. 如何加强农村防灾减灾救灾能力建设？

加强农村防灾减灾救灾能力建设，必须坚持以防为主、防抗救相结合，坚持常态减灾与非常态救灾相统一，全面提高抵御各类灾害综合防范能力。加强农村自然灾害监测预报预警，解决农村预警信息发布“最后一公里”问题。加强防灾减灾工程建设，推进实施自然灾害高风险区农村困难群众危房改造。全面深化森林、草原火灾防控治理。大力推进农村公共消防设施、消防力量和消防安全管理组织建设，改善农村消防安全条件。推进自然灾害救助物资储备体系建设。开展灾害救助应急预案编制和演练，完善应对灾害的政策支持体系和灾后重建工作机制。在农村广泛开展防灾减灾宣传教育。

七 如何强化保障体系

103. 如何牢固树立农业农村优先发展政策导向?

各级党委和政府必须把落实“四个优先”的要求作为做好“三农”工作的头等大事,扛在肩上、抓在手上,同政绩考核联系到一起,层层落实责任。优先考虑“三农”干部配备,把优秀干部充实到“三农”战线,把精锐力量充实到基层一线,注重选拔熟悉“三农”工作的干部充实地方各级党政班子。优先满足“三农”发展要素配置,坚决破除妨碍城乡要素自由流动、平等交换的体制机制壁垒,改变农村要素单向流出格局,推动资源要素向农村流动。优先保障“三农”资金投入,坚持把农业农村作为财政优先保障领域和金融优先服务领域,公共财政更大力度向“三农”倾斜,县域新增贷款主要用于支持乡村振兴。地方政府债券资金要安排一定比例用于支持农村人居环境整治、村庄基础设施建设等重点领域。优先安排农村公共服务,推进城乡基本公共服务标准统一、制度并轨，实现从形式上的普惠向实质上的公平转变。完善落实农业农村优先发展的顶层设计，抓紧研究出台指导意见和具体实施办法。

104. 如何深化农村改革为实施乡村振兴战略提供制度性供给？

实施乡村振兴，必须把制度建设贯穿始终。制度带有全局性、稳定性，管长远、管根本。要大力推进体制机制创新，强化全方位的制度供给。对于已经成熟定型的制度，必须毫不动摇地长期坚持；对于还不够健全的制度，必须与时俱进地完善；对于尚属空白的领域，要大胆创新制度供给。

深化农村改革，一是要扩面。不能就农村论农村，而要紧扣城乡关系重塑，对城乡改革做出统筹规划，重点是健全融合发展体制机制和政策体系，“三农”内部改革也要扩面。二是要提速。已经部署的要全面发力，看准了的要一抓到底，可复制可推广的要加快推进。三是要集成。抓紧梳理各项改革措施，打出“组合拳”，形成整体“打法套路”。鼓励地方创新、尊重基层创造，总结先进典型，发挥其对推动乡村振兴的示范作用。

105. 怎样巩固和完善农村基本经营制度？

坚持家庭经营基础性地位，赋予双层经营体制新的内涵。突出抓好家庭农场和农民合作社两类新型农业经营主体，启动家庭农场培育计划，开展农民合作社规范提升行动，深入推进示范合作社建设，建立健全支持家庭农场、农民合作社发展的政策体系和管理制度。落实扶持小农户和现代农业发展有机衔接的政策，完善“农户+合作社”“农户+公司”利益联结机制。加快培育各类社会化服务组织，为一家一户提供全程社会化服务。加快出台完善草原承包经营制度的意见。加快推进农业水价综合改革，健全节水激励机制。继续深化供销合作社综合改革，制定供销合作社条例。深化集体林权制度和国有林区林场改革。大力推进农垦垦区集团化、农场企业化改革。

106. 如何深化农村土地制度改革？

保持农村土地承包关系稳定并长久不变，研究出台配套政策，指导各地明确第二轮土地承包到期后延包的具体办法，确保政策衔接平稳过渡。完善落实集体所有权、稳定农户承包权、放活土地经营权的法律法规和政策体系。在基本完成承包地确权登记颁证工作基础上，开展“回头看”，做好收尾工作，妥善化解遗留问题，将土地承包经营权证书发放至农户手中。健全土地流转规范管理制度，发展多种形式农业适度规模经营，允许承包土地的经营权担保融资。总结好农村土地制度三项改革试点经验，巩固改革成果。坚持农村土地集体所有、不搞私有化，坚持农地农用、防止非农化，坚持保障农民土地权益、不得以退出承包地和宅基地作为农民进城落户条件，进一步深化农村土地制度改革。在修改相关法律的基础上，完善配套制度，全面推进农村土地征收制度改革和农村集体经营性建设用地入市改革，加快建立城乡统一的建设用地市场。加快推进宅基地使用权确权登记颁证工作，力争2020年基本完成。稳慎推进农村宅基地制度改革，拓展改革试点，丰富试点内容，完善制度设计。抓紧制定加强农村宅基地管理指导意见。研究起草农村宅基地使用条例。开展闲置宅基地复垦试点。允许在县域内开展全域乡村闲置校舍、厂房、废弃地等整治，盘活建设用地重点用于支持乡村新产业新业态和返乡下乡创业。严格农业设施用地管理，满足合理需求。巩固“大棚房”问题整治成果。按照“取之于农，主要用之于农”的要求，调整完善土地出让收入使用范围，提高农业农村投入比例，重点用于农村人居环境整治、村庄基础设施建设和高标准农田建设。扎实开展新增耕地指标和城乡建设用地增减挂钩节余指标跨省域调剂使用，调剂收益全部用于巩固脱贫攻坚成果和支持乡村振兴。加快修订土地管理法、物权法等法律法规。

107. 如何理解“改进耕地占补平衡管理办法，建立高标准农田建设等新增耕地指标和城乡建设用地增减挂钩节余指标跨省域调剂机制，将调剂收益用于巩固脱贫攻坚成果和支持乡村振兴”这一重大政策？

这是一个重大的政策利好，能够起到“一石多鸟”的作用。用好了这项政策，将为乡村振兴提供强有力的资金支持。

一是通过高标准农田建设补充的耕地，数量是看得见、摸得着的，质量是有保障的，是实实在在的优质耕地，真正可以做到“占优补优”。这项政策还可以进一步拓宽高标准农田建设的资金来源，有利于加快高标准农田建设。

二是可以有效缓解耕地占补平衡压力。目前，一些省市后备耕地资源匮乏，补充耕地质量不高，省域内耕地占补平衡难度越来越大，也迫切要求拓宽补充耕地的来源。

三是过去很多省市是把开垦未利用土地作为补充耕地的一个重要来源，这些未利用土地的生态很多非常脆弱。下一步，要严格控制未利用土地开垦，这样有利于生态保护。

四是新增城乡建设用地增减挂钩节余指标，过去主要是在省内扶贫县进行易地搬迁，节余的指标在省内可以跨县域调节。如果允许跨省调剂，将可以形成一个更合理的价格，可以筹措更为可观的资金，可以为打好精准脱贫攻坚战提供有力的资金支持。

108. 如何理解“落实农村土地承包关系稳定并长久不变政策”？

“土地者，民之本也。”处理好农民和土地的关系，仍然是深化农村改革的主线。党中央决定，保持土地承包关系稳定并长久不变，第二轮土地承包到期后再延长30年。这是保持土地承包关系长久不变的重大政策举措，顺应了亿万农民保留土地承包权、流转土地经营权的期待，给农民吃上了长效“定心丸”。明确再延长土地承包关系30年，从农村改革之初的第一轮土地承包算起，土地承包关系将保持稳定长达75年，体现了长久不变的政策要求，给农民一个稳定的预期。

党的十九大会议期间，习近平总书记在参加贵州省代表团审议时说，“确定30年时间，是同我们实现强国目标的时间点相契合的。到建成社会主义现代化强国时，我们再研究新的土地政策”。

109. 如何理解“探索宅基地所有权、资格权、使用权‘三权分置’”这一重大改革创新?

农村闲置农房放在那里任其破败是一个大问题,利用起来却是一大笔资源。2018 年中央一号文件明确提出,要完善农民闲置宅基地和闲置农房政策,探索宅基地所有权、资格权、使用权“三权分置”,落实宅基地集体所有权,保障宅基地农户资格权和农民房屋财产权,适度放活宅基地和农民房屋使用权。这是借鉴农村承包地“三权分置”办法,在总结有关试点县(市)探索经验的基础上,中央作出的一个重大改革创新。

但是,宅基地的“三权分置”与承包地“三权分置”会有很大不同。承包土地经营权,鼓励流转,鼓励适度集中,宅基地就不存在鼓励集中到少数人手里的问题。目前,社会上对宅基地制度改革关注度非常高,各地在探索中必须守住底线,适度放活宅基地和农民房屋使用权,主要目的是发展乡村旅游和新产业新业态,鼓励下乡返乡创新创业,盘活利用闲置宅基地和农房,增加农民财产性收入,而不是让城里人“下乡”去买房置地,这个口子不能开。必须坚持一个“不得”和两个“严格”,即不得违规违法买卖宅基地,严格实行土地用途管制,严格禁止下乡利用农村宅基地建设别墅大院和私人会馆。

同时，在城镇化进程当中，要依法保护农民的土地承包经营权、宅基地使用权和集体经济的收益分配权，不能强迫农民以放弃宅基地使用权为前提进城落户。

110. 如何深入推进农村集体产权制度改革？

按期完成全国农村集体资产清产核资，加快农村集体资产监督管理平台建设，建立健全集体资产各项管理制度。指导农村集体经济组织在民主协商的基础上，做好成员身份确认，注重保护外嫁女等特殊人群的合法权利，加快推进农村集体经营性资产股份合作制改革，继续扩大试点范围。总结推广资源变资产、资金变股金、农民变股东经验。完善农村集体产权权能，积极探索集体资产股权质押贷款办法。研究制定农村集体经济组织法。健全农村产权流转交易市场，推动农村各类产权流转交易公开规范运行。研究完善适合农村集体经济组织特点的税收优惠政策。

111. 如何完善农业支持保护制度？

完善农业支持保护制度，可按照增加总量、优化存量、提高效能的原则，强化高质量绿色发展导向，加快构建新型农业补贴政策体系。按照适应世贸组织规则、保护农民利益、支持农业发展的原则，抓紧研究制定完善农业支持保护政策的意见。调整改进“黄箱”政策，扩大“绿箱”政策使用范围。按照更好发挥市场机制作用取向，完善稻谷和小麦最低收购价政策。完善玉米和大豆生产者补贴政策。健全农业信贷担保费率补助和以奖代补机制，研究制定担保机构业务考核的具体办法，加快做大担保规模。按照扩面增品提标的要求，完善农业保险政策。推进稻谷、小麦、玉米完全成本保险和收入保险试点。扩大农业大灾保险试点和“保险+期货”试点。探索对地方优势特色农产品保险实施以奖代补试点。打通金融服务“三农”各个环节，建立县域银行业金融机构服务“三农”的激励约束机制，实现普惠性涉农贷款增速总体高于各项贷款平均增速。推动农村商业银行、农村合作银行、农村信用社逐步回归本源，为本地“三农”服务。研究制定商业银行“三农”事业部绩效考核和激励的具体办法。用好差别化准备金率和差异化监管等政策，切实降低“三农”信贷担保服务门槛，鼓励银行业金融机构加大对乡村振兴和脱贫攻坚中长期信贷支持力度。支持重点领域特色农产品期货期权品种上市。

112. 如何强化乡村振兴人才支撑？

人才是乡村振兴的第一资源。振兴乡村，既要留得住绿水青山，还要留得住人才青年。必须念好“育、引、用”三字经。

育，就是要大力培育乡村人才。一是要整合资金资源，完善培训机制和内容，有针对性地培养更多爱农业、懂技术、善经营的新型职业农民，并全面建立职业农民制度。二是要加强农村专业人才队伍建设，特别是扶持培养一批农业职业经理人、经纪人、乡村工匠、文化能人和非遗传承人等。三是要培养造就一支懂农业、爱农村、爱农民的“三农”工作队伍。注重从高校毕业生、农民工、退伍军人、乡村本土人才中选拔充实乡村干部队伍，健全从优秀村党组织书记中选拔乡镇领导干部、考录乡村机关公务员、招聘乡村事业编制人员制度，让农村基层干部有盼头、有奔头、有干头。

引，就是要着力抓好招才引智。要想方设法创造条件，促进各路人才“上山下乡”投身乡村振兴，让农村的机会吸引人，让农村的环境留用人，让农村更有人气。一是要研究制定管理办法，允许符合要求的公职人员回乡任职。二是加快制定鼓励引导工商资本参与乡村振兴的指导意见，落实和完善融资贷款、配套设施建设补助、税费减免、用地等扶持政策，明确政策边界，保护好农民利益。

用，就是要创新人才使用机制。一是要建立自主培养与人才引进相结合，学历教育、技能培训、实践锻炼等多种方式并举的人力资源开发机制。二是促进城乡、区域、校地之间人才培养合作与交流机制。三是全面建立城市医生、教师、科技、文化人员等定期服务乡村机制。尤其是要发挥科技人才支撑作用，全面建立高等院校、科研院所等事业单位专业技术人员到乡村和企业挂职、兼职和离岗创新创业制度，发挥好各类农业科技人员的作用。同时。要鼓励社会各界投身乡村建设，建立有效激励机制，吸引支持企业家、党政干部、专家学者、技能人才等通过下乡担任志愿者、投资兴业、包村包项目、捐资捐物等方式，参与到乡村振兴的伟大事业中来。

113. 如何看待工商资本下乡？

工商资本是推动乡村振兴的重要力量。工商资本下乡，乡村有需求，资本有动力，发挥作用有空间，这个方向是对的。但是也出现了一些不容忽视的问题，需要引起高度重视，主要是做好三个方面的工作。

一是要优化环境，稳定政策预期，引导好、服务好、保护好工商资本下乡的积极性。湖北省在实施“三乡”工程中，已经研究了一系列的支持激励政策，有些政策是带有突破性的。

二是要设立必要的“防火墙”，做到“三个防止”，即防止跑马圈地、把农民挤出去，防止打擦边球、玩障眼法、钻政策和管理的空子，防止侵害农村集体产权、侵犯农民利益。

三是要坚持因地制宜、循序渐进，在推进乡村振兴中，做到“三个不搞”，即不搞层层加码，不搞一刀切，不搞形式主义。

中央一号文件中有许多“禁止性规定”，其实就是“负面清单”，无论是工商资本下乡，还是市民下乡、能人回乡都要把握好，不要突破这些底线。

114.如何强化五级书记抓乡村振兴的制度保障？

实行中央统筹、省负总责、市县乡抓落实的农村工作机制，制定落实五级书记抓乡村振兴责任的实施细则，严格督查考核。加强乡村振兴统计监测工作。2019 年各省（自治区、直辖市）党委要结合本地实际，出台市县党政领导班子和领导干部推进乡村振兴战略的实绩考核意见，并加强考核结果应用。各地区各部门要抓紧梳理全面建成小康社会必须完成的硬任务，强化工作举措，确保 2020 年圆满完成各项任务。

115. 如何培养懂农业、爱农村、爱农民的“三农”工作队伍？

建立“三农”工作干部队伍培养、配备、管理、使用机制，落实关爱激励政策。引导教育“三农”干部大兴调查研究之风，倡导求真务实精神，密切与群众联系，加深对农民感情。坚决纠正脱贫攻坚和乡村振兴工作中的形式主义、官僚主义，清理规范各类检查评比、考核督导事项，切实解决基层疲于迎评迎检问题，让基层干部把精力集中到为群众办实事、办好事上来。把乡村人才纳入各级人才培养计划予以重点支持。建立县域人才统筹使用制度和乡村人才定向委托培养制度，探索通过岗编适度分离、在岗学历教育、创新职称评定等多种方式，引导各类人才投身乡村振兴。对做出突出贡献的各类人才给予表彰和奖励。实施新型职业农民培育工程。大力发展面向乡村需求的职业教育，加强高等学校涉农专业建设。抓紧出台培养懂农业、爱农村、爱农民“三农”工作队伍的政策意见。

116. 如何发挥好农民主体作用？

加强制度建设、政策激励、教育引导，把发动群众、组织群众、服务群众贯穿乡村振兴全过程，充分尊重农民意愿，弘扬自力更生、艰苦奋斗精神，激发和调动农民群众积极性主动性。发挥政府投资的带动作用，通过民办公助、筹资筹劳、以奖代补、以工代赈等形式，引导和支持村集体和农民自主组织实施或参与直接受益的村庄基础设施建设和农村人居环境整治。加强筹资筹劳使用监管，防止增加农民负担。出台村庄建设项目简易审批办法，规范和缩小招投标适用范围，让农民更多参与并从中获益。

117. 如何强化乡村振兴规划引领？

实施乡村振兴战略，是一项长期的历史性任务。要科学规划、注重质量、从容建设，不追速度，更不能刮风搞运动。中共中央国务院印发了《乡村振兴战略规划（2018—2022年）》，明确2020年实现全面小康和2022年召开党的二十大时的目标任务，部署若干重大工程、重大计划、重大行动，确保《意见》落地生效。

要把加强规划管理作为乡村振兴的基础性工作，实现规划管理全覆盖。以县为单位抓紧编制或修编村庄布局规划，县级党委和政府要统筹推进乡村规划工作。按照先规划后建设的原则，通盘考虑土地利用、产业发展、居民点建设、人居环境整治、生态保护和历史文化传承，注重保持乡土风貌，编制多规合一的实用性村庄规划。加强农村建房许可管理。

八 湖北乡村振兴怎么干

118. 湖北省进一步推进乡村振兴战略的基础条件有哪些？

一是乡村振兴开局良好。2018 年湖北省编制了乡村振兴战略规划，明确了路线图、时间表、任务书。农民收入稳步提升，全省农村常住居民人均可支配收入达到 14 978 元、同比增长 8.4%，收入绝对值稳居中部地区第一位。二是生产能力稳步提升。2018 年湖北粮食产量达到 2 839.5 万吨，油菜、淡水产品产量位居全国前列。农业科技进步贡献率达到 58.7%，主要农作物耕种收综合机械化水平达到 69.0%。三是农村产业加快融合。2018 年全省规模以上农产品加工企业主营业务收入达到 1.25 万亿元，同比增长 8.5%。四是生态环境持续改善。2018 年全省绿色防控面积 2 733 万亩，农药、化肥施用量保持负增长。五是农村改革不断深化。全省农村承包地确权登记颁证率达到95.9%,承包地流转面积2 239.5万亩、流转比例49.0%。六是农村社会和谐安定。农村基础设施建设得到加强,公共服务和社会事业发展水平不断提高。

119. 湖北省推进乡村振兴战略的总体要求和目标任务是什么?

实施乡村振兴战略,是新时代“三农”工作的总抓手。湖北省实施乡村振兴战略的总体要求是:以习近平总书记“三农”思想为指引,加强党对“三农”工作的领导,落实高质量发展要求,坚持把解决好“三农”问题作为重中之重,坚持农业农村优先发展,按照产业兴旺、生态宜居、乡风文明、治理有效、生活富裕的总要求,建立健全城乡融合发展体制机制和政策体系,统筹推进农村经济建设、政治建设、文化建设、社会建设、生态文明建设和党的建设,以工程化、项目化、清单化的方式,切实抓好农村的基本产业、基本公共服务、基础设施和基层组织建设,加快推进乡村治理体系和治理能力现代化,加快推进农业农村现代化,着力建设农业强省,推动农业全面升级、农村全面进步、农民全面发展,谱写湖北乡村振兴新篇章。

到2020年,乡村振兴取得重要进展、走在中部地区前列,制度框架和政策体系基本形成。农业综合生产能力得到有效提升，农业供给体系质量明显提高，农村新产业新业态蓬勃发展；城乡居民生活水平差距进一步缩小；富美乡村建设全面推进，农村人居环境明显改善；城乡融合发展体制机制初步建立；贫困县全部摘帽、贫困村全部出列、建档立卡贫困户实现脱贫，小康社会全面建成；农村基层党组织战斗堡垒作用进一步加强，乡村治理体系进一步完善。

到2035年，乡村振兴取得决定性进展，农业农村现代化基本实现。农业结构得到根本性改善，农民就业质量显著提高，相对贫困进一步缓解，共同富裕迈出坚实步伐；城乡基本公共服务均等化基本实现，城乡融合发展体制机制更加完善；乡风文明达到新高度，乡村治理体系更加完善；农村生态环境根本好转，富美乡村基本实现。

到2050年，乡村全面振兴，农业强、农村美、农民富全面实现，农业农村现代化强省全面建成。

120. 湖北省推进乡村振兴战略要在哪些方面取得新突破？

一是要在深化农业供给侧结构性改革上取得新突破。要深化农业供给侧结构性改革，走质量兴农、绿色兴农之路，着力在农业绿色化、优质化、特色化、品牌化上下功夫，尽快实现农业发展由总量扩张向质量提升转变。二是要在深化农村改革上取得新突破。要坚持以改革创新激发乡村振兴的内生动力，处理好农民和土地的关系。要巩固农村土地承包经营权确权登记颁证成果，落实土地第二轮承包到期后再延长30年的政策，深化承包地“三权分置”改革，发展多种形式的适度规模经营，促进小农户与现代农业有机衔接；积极稳妥探索农村宅基地所有权、资格权、使用权“三权分置”改革，落实宅基地集体所有权，保障宅基地农户资格权和农民房屋财产权。三是要在推进城乡融合发展上取得新突破。要以“三个三”为重点，着力推进城乡共建共享共荣。一是推进一二三产业融合发展。利用互联网、大数据等技术为农业服务，采取“农业+”模式，大力发展生态农业、休闲农业、养生养老、文化体验、乡村旅游、农村电商等新产业新业态。二是实施“三乡”工程。把实施市民下乡、能人回乡、企业兴乡工程作为推动乡村振兴的新引擎，推动城市资金、技术、人才等要素“上山下乡”，激活农村资源。三是补齐“三大短板”。要以富美乡村建设为抓手，着力补齐农村基础设施、基本公共服务、人居环境短板，不断改善广大农民生产生活条件，提升农民群众的幸福感、舒适度。四是要在乡风文明建设上取得新突破。要深化文明村镇创建，以农民群众喜闻乐见的形式，广泛开展中国特色社会主义和中国梦宣传教育，加强乡村道德建设，大力实施文化、科技、卫生“三下乡”活动，创新开展群众性文化活动，丰富农民精神文化生活。五是要在创新乡村治理上取得新突破。坚持以党的领导统揽全局，政府、社会、公众协同合作，自治、法治、德治互为补充，建立健全现代乡村治理体系，提升乡村自治法治德治水平。

121. 如何推进湖北省乡村振兴战略落地？

重点是实施“八大工程”。即实施“三乡”工程，促进城乡资源要素流动融合；实施荆楚农优品工程，促进质量强农；实施荆楚富美乡村建设工程，促进绿色发展；实施精准扶贫工程，促进共同富裕；实施农村电商工程，促进创新创富；实施农业科技工程，促进科技兴农；实施文化传承工程，促进乡村文化兴盛；实施“红色头雁”工程，促进乡村治理现代化。将研究出台相关政策措施，形成“1+N”政策体系。“1”，就是推进乡村振兴战略实施的省委一号文件；“N”，就是若干专项方案、行动计划和支持政策。同时，在推进落实上开展“五大行动”，即“大调研、大宣传、大培训、大推进、大督办”，大兴学习之风、大兴调研之风、大兴抓落实之风，确保乡村振兴战略开局良好。

122. 如何实施“三乡”工程，促进城乡资源要素流动融合？

从2018年起的3年内，推动100万市民下乡、吸引10万能人回乡、引进1万家企业兴乡。对“市民下乡”，要大力推广养老康养型、民宿文化型、农事体验型、创意创业型；对“能人回乡”，要大力推广回归创业型、带领致富型、乡贤治理型、公益捐助型；对“企业兴乡”要大力推广投资开发型、龙头带动型、村企共建型、对口扶贫型。要分类指导。各地要因地制宜、因村施策。出台全省实施“三乡”工程的三年行动计划和支持措施。要搭建平台。特别是要搭建招商引资、项目对接和宣传推介的平台。要把农业招商引资作为“一把手”工程来抓。善于总结集成，加强宣传推介，发挥总结集成的力量，吸引更多的城市和社会资源发展农村。

123.如何实施荆楚农优品工程，促进质量强农？

大力实施“荆楚农优品”创建工程，着力打造10个荆楚农优品区域公共品牌、50个企业品牌和200个产品品牌。不断提高农业综合效益和竞争力。要打造区域公用品牌。各地要立足资源禀赋，挖掘整合区域农业资源，加强品牌创建管理服务，打造集成核心品牌优势，打造区域公用品牌。要打造企业品牌。加大政策扶持力度，鼓励企业采用培育、共建等方式，打造一批企业品牌，进一步提高农业龙头企业的知名度、美誉度和顾客黏度。要打造特色农产品品牌。要运用地域差异、品种差异，依托新型农业经营主体和农民专业合作社，打造一批具有文化底蕴、地域特征的特色农产品品牌。各级党委、政府及有关部门要拿出具体的措施和政策，支持“荆楚农优品”创建工程。

124. 如何实施荆楚富美乡村建设工程，促进绿色发展？

坚持绿色发展理念，着力改善乡村环境、重塑乡村文明，在全省打造出一批荆楚强村、名村、新村。要加强基础设施建设，加大乡村建设和规划管控力度，加大村庄基础设施建设和公共服务支持力度，推动居住相对集中。按照省委、省政府的决策部署，突出“厕所革命”、精准灭荒、乡镇生活污水处理排放全覆盖和城乡生活垃圾无害化处理全覆盖，全面推进环境整治和生态建设，让广大的农村地区变得更干净、更整洁、更美观，真正把乡村建设成为宜居宜业的乐园。

125. 如何实施精准扶贫工程，促进共同富裕？

要广泛动员社会各方力量帮扶贫困地区和贫困家庭，实现到2020年全省贫困县全部摘帽、贫困村全部出列、建档立卡贫困户脱贫。要坚持时间服从质量的原则，严格按照“标准既不降低也不提高、时间既不提前也不延后、内容既不增加也不减少”的“六不”要求扎实推进，打好深度贫困地区攻坚战、特定贫困攻坚战、因户因人精准施策攻坚战。要坚持扶贫与扶志、扶智相结合。牢固树立扶志为先的指导思想，高度重视精神扶贫工作，通过树立脱贫标兵、奖励致富能手、设立公益性岗位、购买贫困户劳动等办法，激发贫困群众脱贫致富的主体意识和内生动力。要高度重视扶智工作，着力增强贫困群众的致富本领，帮助找到致富途径，实现从"输血"向"造血"的根本转变。要发展产业扶贫。发展产业是精准扶贫的核心动力和治本之策。要善于利用贫困地区得天独厚的自然资源和生态资源优势，大力发展符合当地实际、具有市场需求的特色产业。要坚持精准施策，统筹推进易地扶贫搬迁、教育扶贫、健康扶贫、金融扶贫、兜底扶贫。

126. 如何实施农村电商工程，促进创新创富？

发展农村电商工程，是促进农村经济发展、深化农业供给侧结构性改革、增加农民收入的有效途径。要培育电商主体。通过招商引资引进一批、依托企业发展一批、培育新型经营主体催生一批、加盟平台拓展一批、政府引导扶持一批，开展电商免费培训，加快培育农村电商经营主体。要完善基础设施。看得见的"道路"和看不见的"网路"建设，是打通农产品上行"最先一公里"和工业品下行"最后一公里"的关键。要认真贯彻落实习近平总书记关于"四好农村路"建设的重要指示，加强农村公路建设。积极发展农村物流，大力实施农村网络提速降费，打通小生产链接大市场的通道。要推进标准化生产。要引导企业、电商主体制订一套标准化生产、包装、宣传、物流、储运和追溯的体系，专注一个品种，打造一批标准化生产的电商产品。

127. 如何实施农业科技工程，促进科技兴农？

充分发挥湖北科教大省的资源优势，加快建设农村科技创新体系，深化农业科技成果和推广应用改革，提升农业科技进步贡献率，促进科技兴农。要建立科技产业联盟。以高校和农业科研院所为龙头，建立产学研融合的科技创新联盟，加强绿色生态、提质增效技术研发应用。不断提升自主创新能力，加快发展现代种业。要完善推广机制。深入实施农业科技“五个一”行动，坚持科技特派员制度，加快促进创新资源向一线聚集转化。健全完善“以钱养事”新机制，推进公益性服务与社会化服务融合发展，不断提升农业科技化服务水平。要大力培养农业科技人才。加大职业农民和新型经营主体的培训力度，依托重大科研项目、重点学科和重点科研基地，大力培养和引进农业科技领军人才和创新团队，更好地服务“三农”发展。

128. 如何实施文化传承工程，促进乡村文化兴盛？

优秀传统文化是中华民族的“根”和“魂”，要传承好发扬好广大农村地区的优秀传统文化。要保护好乡土文化。保护传承好发扬好广大农村地区的优秀传统文化，让乡土文化之根扎得更深，传播得更广。要弘扬淳朴乡风。外修新村，内修新风，大力弘扬优良的家风家训、淳朴的民风民俗，开展移风易俗行动，提升农民精神风貌。要“记得住乡愁”。让更多镌刻着乡村文化印记的物件和建筑得到保存、得到恢复。不搞大拆大建，不搞大破大立，让乡村建设既顺应大自然，又传承中华文化，既有现代元素，也有历史印记。

129. 如何实施“红色头雁”工程，促进乡村治理现代化？

实施乡村振兴战略，加强农村基层基础是关键，健全自治、法治、德治相结合的乡村治理体系是重点。要加强基层党组织建设，培养“红色头雁”，面向贫困村、软弱涣散村和集体经济薄弱村组织派出第一书记。发挥村党组织对集体经济组织的领导核心作用，探索“党建+集体经济+乡村治理”的运行模式。注重吸引大学生、农民工、机关企业单位优秀党员干部到村任职，选优配强村党组织书记。要加强农村群众性自治组织建设。进一步健全和创新党组织领导村民自治机制。推动村党组织书记通过选举担任村委会主任。推进乡村治理重心下移，完善农村网格化管理机制，发挥新乡贤作用。深化村民自治实践，严肃查处侵犯农民利益的“微腐败”。要建立道德约束机制。深化“十星级文明户”创建活动，坚持德治为先，强化道德教化作用，广泛开展道德模范表彰评选活动，引导农民向善向上、孝老爱亲、重义守信、勤俭持家。

130. 湖北省对标全面建成小康社会必须完成的硬任务有哪几大方面？

省委省政府2019年印发的《关于对标全面建成小康社会必须完成的硬任务扎实做好“三农”工作的若干意见》中，围绕全面建成小康社会，提出了“聚力打赢脱贫攻坚战、加快农业高质量发展、扎实推进乡村建设、发展壮大乡村产业、深化新一轮农村改革、完善乡村治理体制机制、全面加强农村基层组织建设和加强党对‘三农’工作的领导”等八大重点32个方面的硬任务，要求以硬的作风、硬的措施，做到硬账硬结。

131. 湖北省从哪几方面把握稳中求进工作总基调?

要做到四个"稳"。一是稳生产,保证粮食和重要农产品供给,特别是稳住粮食面积、产量。二是稳增收,发展乡村产业,增加农民就业岗位和增收渠道。如何确保农民收入持续稳定增加,是"三农"工作的难点和重点。三是稳乡村,补基础设施和公共服务短板,坚持乡村善治,建设平安乡村。四是稳政策,加大对农业农村支持力度,深化新一轮农村改革,培育乡村发展新动能。

132. 湖北省脱贫攻坚目标任务是什么?

决战决胜脱贫攻坚是全面建成小康社会最大的硬任务,2019年的湖北省委一号文件把脱贫攻坚放在第一条,要求全面推进打赢脱贫攻坚战三年行动,到2020年,坚决完成现行标准下98.3万人脱贫、800个村出列、17个县摘帽任务,确保如期交硬账。

133.毫不放松湖北粮食生产的目标任务有哪些?

毫不放松粮食生产,始终做到"三个稳":稳面积、稳产量、稳政策。粮食播种面积稳定在6 500万亩以上,总产量稳定在250亿千克以上。守牢7 288万亩耕地红线,确保5 883万亩永久基本农田控制线。划定4 850万亩粮食生产功能区和重要农产品生产保护区。扎实推进高标准农田建设，确保到2020年建成3 570万亩高标准农田。

134. 湖北省改善人居环境的总要求是什么？

省委、省政府印发了《关于全面学习浙江“千万工程”经验扎实推进美丽乡村建设的决定》，针对农村人居环境整治作出了工作部署。总的要求是：从农村实际出发，重点做好垃圾污水处理、“厕所革命”、村容村貌提升，发动农民参与农村人居环境整治，压实县级主体责任，精心组织，扎实推进，让良好生态环境成为乡村振兴的重要支撑点和展现点，打造各具特色的现代版“富春山居图”。

135. 湖北省在学习浙江经验，改善农村人居环境、建设美丽乡村方面有哪些举措？

省委、省政府下发了《关于全面学习浙江“千万工程”经验扎实推进美丽乡村建设的决定》，同时配套制定五年推进规划、年度实施计划，推进美丽乡村建设的政策制度框架已基本搭建。

在推进路径上分三个阶段。第一阶段，从2019年起，通过5年时间，全面完成农村人居环境整治任务，并不断完善提升，建立长效机制；第二阶段，再用5年时间，推动全省整体达到浙江“千万工程”现有水平；第三阶段，到2035年左右，美丽乡村建设水平与农业农村现代化水平相匹配、相适应。按照这一总体思路，每年整治4 000个左右行政村，建设1 000个左右美丽乡村示范村。

在推进任务上，重点是五个方面：一是编制村庄规划，包括村庄布局规划、村庄建设规划、重要专项规划等规划的编制工作。二是整治人居环境。要求深入推进“四个三”重大生态工程，实施农村“厕所革命”，加强农村污水治理，开展农村垃圾无害化处理，开展村庄绿化，发展绿色农业，提升村容村貌水平。三是完善基础设施建设。主要包括加强水、电、路、气、信和公共服务建设。四是改善住房条件。主要包括加强农村危房改造、加强农民建房管理、加强农村宅基地管理。五是提升村庄实力。主要包括发展乡村产业、提升文明素养、加强基层基础工作。

在推进方式上，一是要坚持规划引领、生态优先，科学编制村庄布局规划、村庄建设规划，切实做到先规划后建设，把生态优先、绿色发展理念贯穿到美丽乡村建设各环节和全过程，慎砍树、禁挖山、不填湖、少拆房。二是要坚持因地制宜、分类实施，根据区位条件、发展基础、资源禀赋和民俗文化差异，选择不同的建设模式，做到因村施策、量力而行，不搞统一模式、千村一面，打造各具特色的现代版“富春山居图”。三是要坚持统筹推进、久久为功，集中各个部门的力量、资源、项目，统一布局、统一标准、统一实施，一张蓝图干到底，一年接着一年干，逐步积小成为大成、积小美为大美，着力建设乡村振兴的湖北样板。

136. 湖北省对推进乡村产业振兴方面有什么具体举措？

围绕乡村产业振兴，重点抓好以下几个方面的工作：一是大力发展乡村特色产业。因地制宜发展多样性特色产业，推进“一村一品”“一县一业”，加快建设一批特色农产品优势区。实施“222”农产品品牌培育行动，2019年重点打造2个核心大品牌、20个区域公用品牌、200个企业产品品牌。二是做大做强农产品加工业。实施农产品加工业提升行动，支持主产区依托县域形成农产品加工产业集群，建成一批农产品加工专业村镇和加工强县。扶持发展农业产业化龙头企业和联合体。深入推进现代农业产业园、农业产业融合发展示范园、农业产业强镇建设。三是加快发展乡村新型服务业。大力发展休闲旅游、餐饮民宿、文化体验、健康养生、养老服务等产业。实施乡村旅游精品工程，丰富乡村旅游业态和产品。开展电子商务进农村综合示范，实施“互联网+”农产品出村进城工程。四是拓宽就业空间和增收渠道。发展壮大县域经济，培育一批特色小镇，创建一批乡村振兴示范镇，扶持发展吸纳就业能力强的乡村企业，增加农民就近就业岗位。鼓励外出农民工、高校毕业生、退伍军人、城市各类人才入乡创新创业，支持返乡创业园建设、小微企业发展。大力实施"三乡"工程，支持和调动各方面力量投身乡村发展。同时，要充分发挥乡村产业在脱贫攻坚中的重要支撑作用，全力抓好产业扶贫工作。推广"生态+绿色种养业"扶贫模式，每个贫困县形成2 ~ 3个扶贫主导产业，所有贫困村都有1 ~ 2个农业主导产业，不断巩固脱贫成果。

137. 如何形成推进湖北乡村振兴的强大合力？

一是要坚持"重中之重"不动摇。加强和改善党对"三农"工作的领导，健全党委统一领导、政府负责、党委农村工作部门统筹协调的农村工作领导体制。要建立实施乡村振兴战略领导责任制，实行省负总责、市县抓落实的工作机制，党政一把手是第一责任人，五级书记抓乡村振兴。二是要坚持惠农力度不降低。要健全农业农村财政支出优先保障和稳定增长机制，确保财政投入与乡村振兴目标任务相适应。优化财政供给结构，推进资金整合、资金统筹。支持各地积极探索资金使用方式，提高资金使用效率。三是要坚持重农氛围不减弱。各级党委、政府要按照农业农村优先发展的要求，把更多的精力放在抓农业农村工作上，切实抓好“三农”工作队伍建设。新闻媒体要积极宣传好经验好做法，营造湖北省“三农”发展的良好氛围。四是要坚持规划引领不变调。结合国家规划和省“十三五”经济社会发展规划，编制好乡村振兴战略规划和各类专项规划，明确产业发展方向，优化乡村空间格局，坚持一张蓝图画到底，久久为功，步步为营，善作善成。五是要坚持改革创新不停滞。进一步解放思想、创新举措，特别是要加大以农业供给侧结构性改革为主线的多项农村改革。要根据中央和省委、省政府部署安排，立足当地实际，勇于改革创新、敢于攻坚克难，加快推动乡村振兴战略的实施。六是要坚持干事劲头不松懈。党委和政府一把手是第一责任人，五级书记抓乡村振兴。分管领导要拿在手上，抓在手里。要加强调查研究，倡导求真务实精神，以作风的提振推动乡村的振兴。

138. 湖北“一芯两带三区”发展战略布局是指什么？

“一芯两带三区”区域和产业发展战略布局是一个有机的统一体，共同组成湖北发展新格局。“一芯”是龙头，起引领作用；“两带”是两根“台柱子”，是湖北发展的主动脉、主骨架；“三区”是延伸，起重要的联动作用。

“一芯驱动”瞄准“国之重器”，增强中心城市辐射带动力。一是产业之“芯”。依托存储器、航天产业、网络安全人才与创新、新能源与智能网联汽车四个国家级新基地和全省“十大重点产业”，大力发展以集成电路为代表的高新技术产业、战略性新兴产业和高端成长型产业，培育国之重器的“芯”产业集群，将武汉、襄阳、宜昌等地打造成为综合性国家产业创新中心、“芯”产业智能创造中心、制造业高质量发展国家级示范区。二是区域之“心”。强化武汉“主中心”地位和襄阳、宜昌的省域副中心地位，提升武汉城市圈和其他城市群功能，加快形成中心带动、多极支撑的“心”引擎。三是动能之“新”。深入实施创新驱动发展战略，大力发展以知识、技术、信息、数据等新生产要素为支撑的新技术新产业新业态新模式，加快传统产业转型升级，加快形成高质量发展的新动能体系。

“两带支撑”，则是以长江经济带、汉江生态经济带为依托，以沿线重要城镇为节点，打造长江绿色经济和创新驱动发展带、汉孝随襄十制造业高质量发展带。

“三区协同”，瞄准国家绿色发展、乡村振兴、资源枯竭型城市转型发展等重大战略，在“多极支撑”区域发展布局中形成产业联动优势。

139. 湖北省推进乡村振兴有哪些重大行动?

《湖北省乡村振兴战略规划(2018—2022年)》准确把握乡村振兴"产业兴旺,生态宜居,乡风文明,治理有效,生活富裕"总要求,提出了湖北乡村振兴"65432"重大行动。

产业兴旺六大行动,即建设50个省级以上现代农业产业园;新增5家主营业务收入过百亿的农业产业化龙头企业;打造10条千(百)亿元特色农业产业链;打造10个荆楚农优品区域共用品牌、50个企业品牌、200个产品品牌;建设20个省级以上全域旅游示范区,实现农村电商规模过千亿元。

生态宜居五大行动,即建成省级生态文明建设示范县(市区)10个,生态乡镇100个,生态村1 500个;建设2 000个美丽乡村;建设农业可持续发展试验示范区5个;建成20个农村人居环境示范县;对3 000个建制村开展环境综合整治。

乡风文明四大行动,即新增文明乡镇970个;保护和改造100个特色文化村和50个少数民族特色村镇;重点保护100个传统村落;实现基层综合文化服务中心全覆盖。

治理有效三大行动,即集体经济经营性收入过5万元的村达到60%以上;每年选择不低于总数5%的行政村开展农村社区建设试点;"雪亮工程"实现全域覆盖、全网共享、全时可用、全程可控。

生活富裕两大行动，即农民人均可支配收入过2万元，社保卡持卡人口覆盖率达93%。

140. 农业科技"五个一"行动的主要内容是什么？

为深入贯彻习近平总书记关于"三农"工作重要论述和"给农业插上科技的翅膀"重要指示精神，按照《中共中央国务院关于落实发展新理念加快农业现代化实现全面小康目标的若干意见》和《关于以新理念引领现代农业发展加快实现全面小康的若干意见》部署要求，在"十三五"期间，湖北省农业科学院组织全省农业科技工作者开展了农业科技"五个一"行动的农业科技专项工程。其具体内容为：

农业科技"100项重大项目研发"行动。组织湖北省农业科技创新中心、湖北省农业科技创新联盟成员单位协同开展100项重大农业科技项目研发活动，重点破解制约湖北省农业发展过程中关键技术难点和热点问题，研发系统性技术解决方案。

农业科技"进100企"行动。以专家服务团为行动主体，以项目为抓手，以企业为载体，精心部署，精密组织，精准服务。

农业科技"进1000村"行动。以湖北省农业科技创新中心、湖北省农业科技创新联盟为依托，突出省、市、县、乡四级农业科技人员农业科技成果推广转化的主体作用；以农业产业为主线，通过项目带动，合理优化农业科技资源配置；以新型农业生产经营组织为重点，加大科技支持力度，影响和带动上游产业链的科技投入；以市县基地（基点）为依托开展培训，辐射周边，增强扩散效应，实现条块结合、以点带面。

农业科技“帮10000户”行动。以《中共湖北省委省政府关于全力推进精准扶贫精准脱贫的决定》为指南，以《湖北省农科院科技精准扶贫纲要（2015—2019年）》为动员令，以五大发展理念为统领，充分发挥广大农业科技工作者和新型农业经营主体的积极性，注重扶贫供给侧结构性改革，保障农业科技成果的有效供给和扶贫效果精准，提高扶贫质量，确保项目涉及贫困农户不落一人。

农业科技“培养1000名科技精英”行动。多层次、多类别、多渠道地选拔一定数量的农业科技精英进行重点培养，建立完善农业科技精英选拔、培养、管理、使用于一体的制度体系，为服务全省“三农”发展提供强有力的科技支撑和智力保障。